KOOKBIBLIOTHEEK

Vis, Wild en Gevogelte

R&B

Vis

Op warme dagen koud geserveerd

Op een warme zomerdag smaakt een licht gerecht uitstekend. Probeert u eens gemarineerde vis. Bladzijde 6

Heerlijk bereide vis: gekookt, gestoofd en gebakken

Niet alleen viskenners weten hoe veelzijdig en gevarieerd vis kan worden bereid. Pikant en hartig of mild en licht – de variaties gaan van eenvoudig gebakken vis tot culinaire specialiteiten.
Bladzijde 24

Wild

Kleine heerlijkheden met wild

Voor vrienden van de feestelijke en de snelle keuken is hier wel iets te vinden – smult u maar eens. Bladzijde 68

Een bijzonder genoegen – groot wildgebraad

Wild is niet zo goedkoop en blijft iets voor bijzondere gelegenheden, maar het aanbod lokt. Bladzijde 86

Gevogelte

Veelzijdig en delicaat: poten, schnitzels, borstvlees

Gevogelte is zacht en licht verteerbaar vlees. Het biedt een veelvoud aan mogelijkheden. Bladzijde 108

Van buiten knapperig, van binnen zacht: kip, gans, kalkoen & Co.

In grootmoeders tijd behoorde gevogelte nog tot de feestgerechten. Zelfs een kip of een haantje gold als luxe. Het is maar goed dat dat veranderd is. Bladzijde 146

Informatie

Wat doet u wanneer een vriendelijke hengelaar u een vis geeft?
In dit hoofdstuk leest u waar bij de koop en voorbereiding van vis, wild en gevogelte op gelet moet worden. Bladzijde 175

De recepten zijn bedoeld voor 4 personen, tenzij anders wordt vermeld.

Vis

Op warme dagen koud geserveerd

Gemarineerde zalm met zoetzure mosterdsaus

(Foto blz. 6/7)

1 kg schoongemaakte zalm aan een stuk (midden- of staartstuk)	van schubben ontdoen, in de lengte halveren de middelste en de zijgraten verwijderen, de kleinere graten met een pincet uit het visvlees trekken
3 bosjes dille	onder de koude kraan afspoelen, voorzichtig droogdeppen, grof hakken (steeltjes ook gebruiken)
1 el suiker	met
2 el grof zout 2 el gekneusde witte peperkorrels 1 el gekneusde jeneverbessen	mengen, de stukken vis daarmee inwrijven, een stuk vis met de velkant naar onderen in een glazen schaal leggen, met de dille bestrooien, het andere stuk met de binnenkant daarop leggen, met aluminiumfolie afdekken een bord of houten plank daarop leggen, met een steen of een gesloten, gevuld conservenblik verzwaren de vis 24-36 uur op een koele plaats (koelkast) laten staan, af en toe met de zich verzamelende marinade begieten de vis uit de marinade halen, droogdeppen, met een zeer scherp mes in zeer dunne plakjes snijden, op een schaal leggen
	voor de mosterdsaus
5 el mayonaise	met
4 el slagroom 1 el scherpe mosterd fijngehakte dille	vermengen
4 el wijnazijn	met
2 el suiker	aan de kook brengen, wat in laten koken, door de mosterdmayonnaise roeren de saus bij de zalm geven.
Erbij:	toast, boter, gemengde salade, sperzieboontjes.

Paling op eiersalade

(Foto boven)

	Voor de eiersalade
2 el zure room 1 el gehakte kappertjes 1 el gehakte peterselie 1 tl uisnippers 1 tl mosterd	goed vermengen, met
zout, suiker	op smaak brengen
4 hardgekookte eieren	pellen, in schijfjes snijden, in de saus leggen, in laten trekken
gewassen, uitgelekte blaadjes sla	op 4 glazen borden leggen, de eiersalade daarover verdelen
200-250 g gerookte paling	vel en graat verwijderen, de paling in 5 cm lange stukken snijden, op de eiersalade leggen, met
tomaatroosjes peterselie	garneren.

Kreefttoast

140 g kreeftvlees (uit blik)	uit laten lekken, in stukken snijden
150 g blauwe of witte druiven	wassen, halveren, ontpitten
	voor de saus
4 el slagroom	stijfkloppen, met
2 volle el mayonaise	vermengen, met
zout peper suiker citroensap	op smaak brengen
4 plakken brood	roosteren, met
boter	bestrijken
gewassen slablaadjes	erop leggen, de stukken kreeft erop leggen, de druiven erover verdelen, met de saus begieten.

Zeekreeft

(Foto onder)

De zeekreeft ziet er levend grijsbruin tot groenzwart uit en wanneer hij gekookt is rood, levende kreeft is zeer gevoelig en moet beschermd worden tegen koude en hitte
wanneer hij gekocht wordt, zijn de scharen samengebonden omdat de dieren elkaar anders kunnen verwonden
de staart van de levende zeekreeft moet ingetrokken en elastisch zijn (tijdens het transport gestorven dieren niet meer gebruiken)

1 zeekreeft (circa 2 kg)	bij de rug vasthouden, goed onder de koude kraan afborstelen
1-2 bosjes soepgroente	schoonmaken, wassen, kleinsnijden
2 middelgrote uien	pellen, in vieren snijden
4-5 l water	met de soepgroente, de ui en
3 el zout	aan de kook brengen om de kreeft snel te doden deze met de kop omlaag in het kokende water leggen, aan de kook brengen, gaar laten koken de kreeft in het kookwater af laten koelen, eruit nemen, opensnijden het vlees eruit halen, op een schaal leggen
kooktijd:	ongeveer 20 minuten.
Erbij:	toast, mayonaise, boter, schijfjes citroen.

Gemarineerde forel met dillesaus

(Foto boven)

1 schoongemaakte zalmforel (circa 1kg)	in de lengte doorsnijden, de ruggegraat verwijderen, de forel van graten ontdoen een helft van de forel met het vel omlaag in een schaal leggen
verse, grofgehakte dille	erover verdelen
2 el grof zout	met
1 el suiker	
1-2 el versgemalen witte peper	vermengen, over de vis strooien, eventueel met
1 el cognac	besprenkelen, de andere vishelft met het vel omhoog erop leggen, met aluminiumfolie bedekken, daarop een plank (groter dan de vis) leggen, met 2-3 volle conservenblikken gelijkmatig verzwaren de forel 2-3 dagen op een koele plaats (koelkast) laten staan, af en toe begieten met de zich verzamelende marinade de forel uit de marinade halen, droogdeppen, ontvellen, de forelfilets heel of in plakjes gesneden op een schaal leggen
	voor de dillesaus
4 el scherpe mosterd	met
1 tl mosterdpoeder	
3 el suiker	
2 el wijnazijn	vermengen, langzaam
5 el slaolie	erdoor kloppen
3 el gehakte dille	erdoor roeren, bij de vis serveren.

Forelfilet in gelei met mierikswortelsaus

(Foto onder, 6 personen)

1 pakje en 1 tl wit gelatinepoeder	door
4 el koud water	roeren, 10 minuten laten zwellen
3,75 dl ontvette krachtige vleesbouillon	met
4 jeneverbessen	
1 gepeld uitje	
enkele peperkorrels en saffraandraden	aan de kook brengen, ongeveer 5 minuten laten koken, door een doek gieten, de bouillon weer aan de kook brengen, van het vuur nemen, de gelatine toevoegen, roeren tot deze is opgelost
2,5 dl witte wijn	
1 el witte-wijnazijn	erdoor roeren, met
zout, peper	
tabasco	op smaak brengen
150 g gekookte aspergepunten	uit laten lekken
2 hardgekookte eieren	pellen, in schijfjes snijden
2 tomaten	wassen, afdrogen, de kroontjes wegsnijden, de tomaten in plakjes snijden
6 gerookte forelfilets	ontvellen, de ingrediënten over 6 borden verdelen, met takjes dille garneren, de bouillon over de de zes borden gieten, in de koelkast laten opstijven
	voor de mierikswortelsaus
1 bekertje crème fraîche	met
2 el geraspte mierikswortel (uit een pot)	vermengen, met
citroensap	
zout	op smaak brengen.
Erbij:	toast.

Voorgerecht Forellenhof

(Foto boven, 1 persoon)

1 blad krulandijvie	
1 blaadje witlof	beide ingrediënten wassen, uit laten lekken
1 schijfje sinaasappel	de drie ingrediënten op een dessertbordje leggen
1 gerookte forelfilet	ontvellen, op de slablaadjes leggen, met
1 tl citroensap	besprenkelen
1 tl geraspte mierikswortel (uit een pot)	naast de forelfilet op de sla leggen
1 el crème fraîche	met
1 tl fijngehakte dille	vermengen, met
citroensap	
zout	
peper	op smaak brengen, over de forelfilet scheppen.
Erbij:	geroosterd brood.

Fijne forelpastei

(Foto rechts)

2 schoongemaakte forellen	fileren, ontvellen
1 ui	pellen, in ringen snijden, met de forelfilets,
1 el fijngesneden bieslook	
1 dl witte wijn	met
5 el olie	vermengen, over de filets gieten, afgedekt 4-5 uur (of een nacht) in de koelkast zetten
300 g bloem	op het aanrecht zeven, in het midden een kuiltje drukken
1 ei	
1/2 eierdooier	
1/2 eiwit	
1 el koud water	
1/2 tl zout	toevoegen, met een deel van de bloem tot een dikke brij kneden
100 g koud varkensvlees	in stukjes snijden, op de bloembrij leggen, met bloem bedekken, vanuit het midden alles snel tot een soepel deeg kneden het kneeddeeg ook 4-5 uur of een nacht in de koelkast leggen
500 g scholfilets (diepvries)	bij kamertemperatuur laten ontdooien, door de fijne schijf van de vleesmolen

draaien
2 eieren met
1 volle el
gehakte dille
2 el paneermeel
geraspte schil
van 1 citroen
1 bekertje
crème fraîche
50 g
gesmolten boter vermengen, met
zout
peper krachtig op smaak brengen
het deeg nogmaals kneden
2/3 van het deeg uitrollen, hieruit deeglappen snijden ter grootte van de bodem en wanden van een cakevorm (30 x 11 cm)
de cakevorm met
zachte boter bestrijken, de bodem-deeglap erin leggen, de randen met iets van
1/2 geklopt eiwit bestrijken, de randen van de deeglappen voor de wanden ook met eiwit bestrijken, in de vorm plaatsen, bij de naden goed vastdrukken, de helft van het vismengsel erin leggen
de forelfilets uit de marinade halen, droogdeppen, op het vismengsel leggen, met de rest van het vismengsel bedekken, licht aandrukken
het deeg aan de zijkanten van de cakevorm ongeveer 1 cm boven de vulling afsnijden
de rest van het deeg uitrollen, een lap uitsnijden ter grootte van het oppervlak van de cakevorm, hieruit 2-3 gaatjes (doorsnede 2-3 cm) uitsteken, het deegdeksel op de vismassa leggen
de deegresten uitrollen, kleine figuren (bijv. schubben) eruit snijden, de onderkant hiervan met eiwit bestrijken, op het deegoppervlak leggen de vorm op het rooster in de voorverwarmde oven zetten
1/2 eierdooier met
1/2 el melk loskloppen, de pastei na ongeveer 30 minuten baktijd daarmee bestrijken
oven op: 175-200 graden
baktijd: ongeveer 75 minuten
de pastei na het bakken voorzichtig van de vormrand losmaken, wat af laten koelen, pas dan uit de vorm halen, volledig af laten koelen, in aluminiumfolie verpakt 1-2 dagen in de koelkast leggen.

Erbij: remouladesaus, groene salade.

Gerookte schol op groentesalade

(Foto boven)

	Voor de groentesalade
250 g aardappelen	gaar koken, af laten koelen, in blokjes snijden
250 g erwtjes (uit blik)	
60 g champignons (uit blik)	uit laten lekken, het vocht opvangen
	voor de slasaus
	2 el van het groentevocht met
3 volle el mayonaise	
2 volle el crème fraîche (zure room)	vermengen, met
zout	
peper	
azijn	op smaak brengen
	de sla-ingrediënten met de saus vermengen, even laten intrekken, met zout, peper, azijn op smaak brengen
600 g gerookte schol (2 stuks)	van vel en graat ontdoen, de scholfilets op de groentesalade serveren, met
schijfjes tomaat	
peterselie	garneren.
Erbij:	geroosterd brood.

Scholfilets op geroosterd brood

(Foto rechts)

	Voor de mayonaise
1 eierdooier	met
2 el kruidenazijn	
1 tl middelscherpe mosterd	
zout, suiker	
1,25 dl slaolie	
1 el fijngesneden bieslook	
1 el tomatenketchup	vermengen
300 g scholfilet	in 3 cm grote stukken snijden, door
bloem	halen, in
kokend vet	lichtbruin bakken, warm houden
4 witte boterhammen	roosteren
	de stukjes schol over het brood verdelen
	de mayonaise daarover verdelen
baktijd:	2-3 minuten.

Haring in dille

(Foto onder)

Voor de marinade

3,75 dl rode-wijnazijn met

150 g suiker

2 laurierblaadjes aan de kook brengen, al roerend koken tot de suiker is opgelost, af laten koelen

10 haringfilets

2-3 rode uien (circa 150 g) pellen, in schijven snijden haringfilets en uischijven met

5-6 el gehakte dille afwisselend in een glazen pot leggen, de koude marinade erover gieten, de pot afsluiten, op een koele plaats zetten (niet in de koelkast), ongeveer 2 dagen laten intrekken.

Erbij: volkorenbrood met boter.

Haring in gelei

5 dl water met

1 tl zout

3 pimentkorrels

1 laurierblaadje

1 pakje (75 g) soepgroente (diepvries)

1 middelgrote gepelde ui aan de kook brengen, ongeveer 15 minuten laten koken

500 g groene haring schoonmaken (kop afsnijden), onder de koude kraan afspoelen, aan de bouillon toevoegen, aan de kook brengen, in 10-15 minuten gaar laten koken, de haringen uit de bouillon nemen, graten en vel verwijderen, af laten koelen

de bouillon door een zeef gieten, 3,75 dl daarvan afmeten (eventueel met water aanvullen)

1,25 dl azijn toevoegen, met zout op smaak brengen

als de bouillon te troebel is, op de volgende manier helder maken:

de afgekoelde bouillon ontvetten

1 eierschaal kneuzen, met

1 eiwit

3 el koud water loskloppen, aan de bouillon toevoegen, al roerend tot kort voor het kookpunt verhitten, daarbij stolt het eiwit en bindt het de troebel makende stoffen

de bouillon af laten koelen, rustig laten staan tot deze helder is, afschuimen, door een doek gieten

1 pakje wit gelatinepoeder met

5 el koud water aanroeren, 10 minuten laten zwellen, de gelatine aan de kokende bouillon toevoegen, roeren tot het is opgelost

een vorm met

olie bestrijken, wat van de bouillon erin gieten, in de koelkast laten opstijven

1 middelgrote tomaat wassen, kroontje wegsnijden

1 hardgekookt ei pellen

1 augurk

de ingrediënten in schijfjes snijden, de gestolde laag daarmee garneren, een paar eetlepels bouillon erover gieten, weer in de koelkast laten opstijven

de afgekoelde haring in blokjes snijden, op de gestolde bouillon leggen, de rest van de al wat dikkige bouillon erover gieten, in de koelkast stijf laten worden

voor het serveren de vorm kort in heet water houden, de gelei voorzichtig met een mes van de rand van de vorm losmaken, op een schaal storten.

Haring in zure room

(Foto boven)

6 zure haringen	in hapklare reepjes snijden
1 kleine ui	pellen, raspen, met
2 bekertjes zure room	
zout	
peper	vermengen, met
citroensap of azijn	pikant op smaak brengen, over de stukjes haring verdelen, een paar uur laten intrekken.
Variatie:	een paar fijngesneden of geraspte appels toevoegen.

Haringcocktail

200 g gekookte prinsesseboontjes	uit laten lekken, in stukjes snijden
	voor de slasaus
2 tl slaolie	met
2 tl azijn	
1 tl gehakte dille	vermengen, met
zout, peper	op smaak brengen, met de boontjes vermengen
	4 cocktailglazen met
gewassen slablaadjes	bekleden, de boontjes daarop leggen
4 haringfilets	eventueel weken, droogdeppen, in reepjes snijden, over de boontjes verdelen
	voor de cocktailsaus
2 el mayonaise	met
2 el witte wijn	
1 el slagroom of koffieroom	
1 tl geraspte mierikswortel (uit een pot)	
2 el tomatenketchup	vermengen, over de cocktailingrediënten gieten
	de cocktail met
tomatenketchup	
takjes dille	garneren.
Erbij:	geroosterd brood, boter.

Haringfilets in roomsaus

(Foto boven)

6 haringfilets	1-2 uur in water leggen, goed uit laten lekken, in ongeveer 2 cm grote stukken snijden
	voor de roomsaus
200 g uien	pellen
2 augurken	
	beide ingrediënten in schijfjes snijden
3,75 dl slagroom	met
4-5 el azijn	
1 el mosterdzaad	
8 peperkorrels	vermengen, ui- en augurkschijfjes toevoegen, de filets in de saus leggen, ongeveer 24 uur in laten trekken.
Variatie:	ongeveer 2 appels schillen, klokhuis verwijderen, in stukjes snijden, aan de saus toevoegen.
Erbij:	in de schil gekookte aardappelen, sperzieboontjes met spek of gebakken aardappelen.

Krab-aspergesalade

250 g krab	
(uit blik of vers)	met
citroensap	besprenkelen
	ongeveer 300 g gekookte asperges uit laten lekken, in ongeveer 3 cm lange stukken snijden
	voor de slasaus
2-4 el	
tomatenketchup	met
2 mespunten	
paprikapoeder	
gehakte peterselie	
gehakte dille	vermengen, met
zout	
worcestersaus	op smaak brengen, met de sla-ingrediënten vermengen
1-2 el cognac	erdoor roeren
wat fijne	
blaadjes kropsla	wassen, in reepjes snijden, erdoor mengen.

Zoute haring met sperziebonen en aardappelen

(Foto onder)

8 haringfilets	eventueel 1-2 uur in water weken, goed uit laten lekken
	voor de aardappelen
750 g aardappelen	
(liefst kleine)	wassen, in

2 l zout water	aan de kook brengen
wat karwijzaad	toevoegen, gaar laten koken, de aardappelen afgieten, nog heet pellen, in een voorverwarmde schaal leggen, met
fijngehakte peterselie	bestrooien, warm houden
	voor de boontjes
1 el boter	verhitten
1,25 dl hete vleesbouillon (blokje)	toevoegen, met
zout peper bonekruid	op smaak brengen
750 g sperziebonen	wassen, afhalen, toevoegen, gaar laten koken, eventueel nog met zout, peper op smaak brengen, in een voorverwarmde schaal leggen
150 g doorregen spek	in blokjes snijden, uitbakken, over de boontjes strooien, warm houden
	de haringfilets met
125 g uiringen	op een schaal leggen, aardappelen en boontjes erbij geven
kooktijd voor de aardappelen:	25-30 minuten
kooktijd voor de boontjes:	ongeveer 15 minuten.

Haring in kwarksaus

(Foto onder)

6 haringfilets	eventueel enige tijd in water weken, droogdeppen, in hapklare stukken snijden
1-2 middelgrote uien	pellen, in schijven snijden, in ringen delen
2 appels	schillen, halveren, klokhuis verwijderen, de appel in blokjes snijden
1,25 dl slagroom	stijfkloppen
200 g kwark	goed losroeren, de stijfgeslagen slagroom erdoor roeren, voorzichtig de haring, uiringen en appel erdoor scheppen, met
zout, peper	
citroensap	op smaak brengen, enige tijd op een koele plaats zetten, met
dille	garneren en serveren.
Erbij:	aardappelen in de schil of volkorenbrood en boter.

Sherry-sardines

600 g schoongemaakte sardines met het sap van
1 citroen besprenkelen, ongeveer 15 minuten laten staan, droogdeppen
met
zout
peper op smaak brengen, door
2 el bloem halen
50 g boter in een koekepan smelten
2 el olie toevoegen, de sardines daarin in 3-5 minuten aan beide kanten knapperig bruin bakken
eruit halen, droogdeppen, af laten koelen

voor de marinade
2,5 dl water met
2 el sherryazijn in een pan doen
2 uien pellen, in ringen snijden
1 wortel schoonmaken, schrappen, wassen
1 kleine prei schoonmaken, wassen
beide ingrediënten in dunne schijven snijden (prei eventueel nogmaals wassen), met de uiringen, zout,
1 tl mosterdzaad
1/2 tl peperkorrels
gemberpoeder
suiker in de pan doen, aan de kook brengen, ongeveer 15 minuten laten koken
5 dl sherry
1-2 gedroogde pepertjes toevoegen, kort meeverhitten, de sardines in een schaal leggen, met de marinade begieten, af laten koelen
de sherrysardines ongeveer 2 dagen op een koele plaats laten staan.

Erbij: gebakken aardappelen of volkorenbrood.

Oesterschaal Imperiales

(Foto boven)

Oesters moeten bij het kopen gesloten zijn, open oesters weggooien omdat ze niet eetbaar zijn
12 oesters goed wassen, met een oestermes openen (de oester daarvoor in de linkerhand nemen met de bolle zijde naar onder, het oestermes aan de smalle zijde tussen de schelpen wrikken en bewegen tot de platte schelp eraf te lichten is), de oester eventueel in de schelp in
licht gezouten water afspoelen om de schelpsplintertjes te verwijderen, de oesters op een met
ijsblokjes belegde schaal leggen, met
citroen garneren
de oesters uit de schelp halen, met
citroensap besprenkelen, met
peper op smaak brengen.

Garnalen met mayonaise

(Foto onder)

	Voor de mayonaise
1 eierdooier	met
1 el citroensap	
1 el tomatenketchup	
zout, 1 tl suiker	in een kom met een garde tot een dikkig mengsel kloppen
1,25 dl slaolie	erdoor kloppen (bij deze bereiding is het niet nodig de olie druppelsgewijs toe te voegen, deze wordt in hoeveelheden van 1-2 eetlepels erdoor geklopt)
	4 kleine schaaltjes eventueel met
slablaadjes	bekleden
375 g garnalen	
(vers of diepvries)	over de schaaltjes verdelen (diepvriesgarnalen eerst laten ontdooien), de mayonaise hierover verdelen
	de garnalen eventueel met
schijfjes citroen	
cocktailkersen	
kruiden	garneren.
Erbij:	stokbrood.

Ingelegde dille-makreel

4 schoongemaakte makrelen	
(circa 1 kg)	van het vel ontdoen en fileren
2-3 rode uien	pelllen, in ringen snijden
	de visfilets in een glazen of aardewerken schaal leggen, de uiringen erover verdelen
	voor de marinade
1,25 dl azijn	met
2,5 dl water	
10 peperkorrels	
2 laurierblaadjes	
enkele jeneverbessen	
zout	
1 el suiker	aan de kook brengen, ongeveer 5 minuten laten koken, af laten koelen, over de vis gieten, 1-2 dagen laten intrekken, de makreelfilets met
1 bosje	
fijngehakte dille	bestrooien.
Erbij:	volkorenbrood.

Langoustinecocktail

Circa 300 g langoustinestaarten (uit blik)	uit laten lekken
2 el boter	smelten
1 teentje knoflook	pellen, snipperen, met
1/2 bosje gehakte dille	kort in de boter stoven, de langoustinestaarten toevoegen met
zout	bestrooien, goed laten stoven, af laten koelen
	voor de saus
1 bekertje crème fraîche	met
droge sherry	
wat worcestersaus	
1 tl citroensap	vermengen, met
zout, peper suiker	op smaak brengen
4 gewassen slablaadjes	over 4 cocktailglazen verdelen, het langoustinevlees over de glazen verdelen, met de saus begieten, met
gehakte dille	bestrooien.
Erbij:	geroosterd brood, boter.

Zeetongrolletjes Nizza

(Foto boven)

12 zeetongfilets (circa 800 g)	oprollen, met houten prikkers vaststeken
1,25 dl witte wijn	met
1,25 dl water	
6 peperkorrels	
enkele mosterdzaadjes	
2 el azijn	
1 tl zout	
mespuntje peper	aan de kook brengen
	de visrolletjes toevoegen, aan de kook brengen, gaar laten trekken, uit de visbouillon nemen, op een koele plaats zetten, de prikkers verwijderen
	voor de kruidenmayonaise
1 eierdooier	met
2 el azijn	
1 tl mosterd	
1 tl suiker	
1 afgestreken tl zout	
peper	
1,25 dl olie	
4 el zure room	
1 el fijngesneden bieslook	
1 el gehakte peterselie	losroeren, met
zout	
peper	op smaak brengen
12 artisjokbodems (uit blik)	uit laten lekken, met zout bestrooien
2-3 grote tomaten	wassen, in plakjes snijden
	de kruidenmayonaise op een platte schaal leggen, op elke artisjokbodem een plakje tomaat leggen, daarop een zeetongrolletje leggen, met houten prikkers vaststeken, in de mayonaise zetten
kooktijd:	ongeveer 5 minuten.

Gekookte tarbot met citroenroom

(Foto onder, ongeveer 6 personen)

1 schoongemaakte tarbot (circa 1,5 kg)	afspoelen
1 l water	met
4 dl azijn	vermengen, de vis daarin ongeveer 30 minuten laten trekken
1-2 middelgrote rode uien	pellen, halveren
1 lente-uitje	pellen, het groen tot op ongeveer 15 cm verwijderen, wassen, met
2 laurierblaadjes	
8 peperkorrels	
1 takje tijm	
1 takje dragon	
zout	
2,5 dl witte wijn	in
2 l water	aan de kook brengen, de vis toevoegen, aan de kook brengen, afgedekt gaar laten koken (de vis is gaar wanneer de rugvinnen gemakkelijk loslaten) de gare tarbot op een voorverwarmde schaal leggen, met
75 g gesmolten hete boter	begieten, met
schijfjes citroen	
plakjes tomaat	
peterselie	garneren

	voor de citroenroom
1 bekertje crème fraîche	met
3 el melk	
3 el citroensap	
2 el gehakte dille	vermengen, met zout,
suiker	op smaak brengen
kooktijd:	25-30 minuten.
Erbij:	dille-aardappelen, groene salade.

Kabeljauw, gekookt

(Foto boven)

1,25 kg schoongemaakte kabeljauw (aan een stuk of in delen)	met het sap van
1 citroen	besprenkelen, ongeveer 30 minuten laten staan
2 l water	met
1 pakje (75 g) soepgroente (diepvries)	
1 laurierblaadje	
10 peperkorrels	
3 kruidnagels	
5 pimentkorrels	
1 gepelde ui	
2 el zout, 6 el azijn	aan de kook brengen, 5 minuten laten koken, de vis toevoegen, aan de kook brengen, gaar laten trekken de gare vis op een voorverwarmde schaal serveren
kooktijd:	25-30 minuten.
Variatie:	In plaats van kabeljauw de volgende vissoorten nemen: 1. Schelvis kooktijd: 25-30 minuten 2. Koolvis kooktijd: 25-30 minuten 3. Roodbaars kooktijd: 25-30 minuten 4. Leng kooktijd: 30-35 minuten 5. Snoekbaars (ontschubd, schoongemaakt, zonder vinnen, met kop) kooktijd: 25-40 minuten 6. Snoek (ontschubd, schoongemaakt, zonder vinnen, met kop) kooktijd: 35-40 minuten 7. Aal (schoongemaakt, ontveld, zonder kop, in stukken van 5 cm gesneden) kooktijd: 20-25 minuten.
Erbij:	gesmolten boter, gestoofde groente, peterselie-aardappelen.

Blauwe karper, gekookt

(Foto boven)

2 l water	met
1 pakje soepgroente (diepvries, 75 g)	
1 laurierblaadje	
10 peperkorrels	
3 kruidnagels	
5 pimentkorrels	
1 gepelde ui	
2 el zout	
6 el azijn	aan de kook brengen, ongeveer 5 minuten laten koken
1,25 kg schoongemaakte karper	onder de koude kraan afspoelen, in het kokende water leggen (de pan **onmiddellijk** sluiten), aan de kook brengen, gaar laten trekken de gare vis op een voorverwarmde schaal leggen
kooktijd:	30-35 minuten.
Variatie:	in plaats van karper de volgende vissoorten gebruiken: 1. 4 forellen, 300 g per stuk (rond gebonden) kooktijd: 20-25 minuten 2. 4 zeelten, 300 g per stuk kooktijd: 20-25 minuten.

Schelvis met tomatensaus

750 g schelvis	onder de koude kraan afspoelen, met
1 l water	
1 kleine, gepelde, in vieren gesneden ui	
6 peperkorrels	
1 laurierblaadje	
mosterdzaad	
1 volle tl zout	
mespunt peper	aan de kook brengen, de vis toevoegen, aan de kook brengen, gaar laten trekken de vis van vel en graten ontdoen, warm houden
	voor de tomatensaus de visbouillon door een zeef gieten, 5 dl daarvan afmeten
1 kleine ui	pellen, snipperen
40 g boter	smelten, de uisnippers daarin glazig bakken
40 g bloem	toevoegen, al roerend verhitten tot het lichtgeel is langzaam de visbouillon met behulp van een garde erdoor roeren, opletten dat er geen klontjes ontstaan
2 el tomatenpuree	erdoor roeren, aan de kook brengen, de saus ongeveer 5 minuten laten koken, met
zout	
peper	
paprikapoeder	
suiker	
citroensap	op smaak brengen

de stukken vis in de tomatensaus leggen, eventueel met
gehakte peterselie bestrooien
kooktijd voor de vis: ongeveer 10 minuten
voor de saus: ongeveer 10 minuten.

Variatie: gestoofde uiringen en paprikareepjes aan de saus toevoegen.

Heilbot in kruidenboter

(Foto onder, in de heteluchtoven)

4 moten heilbot (elk 250 g) onder de koude kraan afspoelen, droogdeppen, met het
sap van 1 citroen besprenkelen, ongeveer 15 minuten laten staan
1 ui pellen en snipperen
2 tomaten wassen, afdrogen, in blokjes snijden
een langwerpige vuurvaste schaal met deksel met
boter invetten, ui en tomaat erin leggen
de vis met
zout, peper bestrooien, erop leggen

voor de kruidenboter
80 g zachte boter smeuïg roeren
2 el fijngehakte dille
2 el fijngehakte dragon
2 el basilicum toevoegen, met zout, peper,
worcestersaus op smaak brengen
de kruidenboter in klontjes over de vis verdelen, de schaal met het deksel erop in de oven zetten
instellen: 1 of 2 richels van onder
oven op: 175-180 graden
baktijd: 30-35 minuten.

Erbij: gekookte aardappelen, gemengde salade.

Karper in biersaus

(Foto onder)

1,5 kg schoongemaakte karper	onder de koude kraan afspoelen, droogdeppen, in dikke moten snijden
1 grote ui	pellen en snipperen
1 wortel	schoonmaken, schrappen, wassen, in reepjes snijden
1 el boter	verhitten, de groenten daar al omscheppend in stoven, eruit halen, apart zetten
1 el boter	smelten
1 el bloem	toevoegen, roeren tot het mengsel licht- tot donkerbruin is
5 dl licht bier	toevoegen, met een garde goed kloppen, opletten dat er geen klontjes ontstaan, de saus aan de kook brengen, ui en wortel toevoegen, met
1 laurierblaadje	
2 kruidnagels	
2 peperkorrels	
1/2 tl zout	op smaak brengen
5 schijfjes citroen	toevoegen, ongeveer 30 minuten laten koken
	de saus door een zeef gieten, in een grote pan doen (de visstukken moeten naast elkaar kunnen liggen), de groenten warm houden
100 g peperkoek	verkruimelen, aan de saus toevoegen, eventueel
1 el rozijnen	
1 el gepelde geschaafde amandelen	toevoegen, aan de kook brengen, met
zout, suiker	
citroensap	op smaak brengen
	de visstukken erin legen, op laag vuur gaar laten trekken
	als er te weinig vocht is eventueel
bier of rode wijn	toevoegen
	de gare vis op een voorverwarmde schaal leggen, de groenten erbij leggen
kooktijd:	20-25 minuten.
Erbij:	gekookte aardappelen.

Vlagzalm met spek en groente

(Foto rechts)

	Van
2 vlagzalmen (circa 1 kg)	schubben, ingewanden, vinnen en staart verwijderen
	de vissen onder de koude kraan afspoelen, droogdeppen
	eventueel met
citroensap	besprenkelen, ongeveer 15 minuten laten staan, droogdeppen, met
zout	bestrooien
125 g doorregen spek	in reepjes snijden, de vis daarmee larderen, met de rest van het spek een beboterde ovenschaal bekleden
6 ontvelde tomaten	in plakjes snijden
2 aubergines (circa 250 g)	wassen, in schijven snijden
1 stengel prei	goed wassen, in ringen snijden, eventueel nogmaals wassen, uit laten lekken
2 uien	pellen, in ringen snijden
	de 4 ingrediënten gelijkmatig over het spek verdelen, de vis erop leggen
50 g boter	in klontjes erover verdelen
	de schaal op het rooster in de voorverwarmde oven zetten
	de gare vis met de groenten op een voorverwarmde schaal leggen
	voor de saus
1 el bloem	met
2,5 dl zure room	vermengen, het braadfond daarmee binden
	de saus met zout,
paprikapoeder	op smaak brengen
oven op:	200-225 graden
baktijd:	35-40 minuten
kooktijd voor de saus:	ongeveer 5 minuten.
Erbij:	gekookte aardappelen, salade.

Koolvisfilet speciaal

(Foto onder, in de snelkookpan)

2,5 dl water	in de snelkookpan gieten
4 porties koolvisfilet (diepvries)	met
1 el citroensap	besprenkelen, met
zout	bestrooien
	de inzetpan zonder gaatjes met
vloeibare boter	bestrijken
100 g worteltjes	
100 g knolselderij	
1 stengel prei	de groenten schoonmaken, wassen, in fijne reepjes snijden
2 tomaten	met kokend water begieten, in koud water laten schrikken, ontvellen, in plakken snijden
100 g champignons	schoonmaken, wassen, in schijfjes snijden, de groenten in de binnenpan leggen, de koolvisfilets erop leggen, met

1 el
vloeibare boter besprenkelen, de pan in de snelkookpan zetten, de pan sluiten, gaar koken
de gare visfilet met de groenten serveren, met
gehakte peterselie bestrooien
kooktijd: 8-10 minuten.

Heilbot met champignonsaus

(Foto rechts)

4 moten heilbot
(circa 800 g) met
citroensap besprenkelen, ongeveer 15 minuten

laten staan, droogdeppen, met
zout
peper
paprikapoeder bestrooien
de moten vis in het midden van een met
boter ingevette vlakke ovenschaal leggen
250 g erwtjes en worteltjes (uit blik)
250 g asperges (uit blik)
beide ingrediënten uit laten lekken, de groenten om de vis heen leggen, eventueel met wat zout bestrooien, met
1 el
gesmolten boter besprenkelen, de ovenschaal met aluminiumfolie afsluiten, op het rooster in de oven zetten

voor de champignonsaus
1 kleine ui pellen en snipperen
200 g champignons (uit blik) uit laten lekken, 1,25 dl van het vocht afmeten
boter smelten, de uisnippers daarin glazig bakken,
de champignons toevoegen, even doorbakken
met
1 el bloem bestrooien, al roerend verhitten, het champignonvocht toevoegen, met een garde kloppen, de saus aan de kook brengen, circa 5 minuten koken, met
zout
peper op smaak brengen
oven op: 200-225 graden
baktijd: ongeveer 25 minuten
kooktijd voor de saus: ongeveer 10 minuten.

Erbij: gekookte aardappelen.

Provençaalse vispot

(Foto links)

2 uien of 3 lente-uitjes	pellen en snipperen
1 stengel prei	goed wassen, in de lengte halveren, in ongeveer 1 cm lange stukken snijden, nogmaals wassen, uit laten lekken
400 g rode, groene en gele paprika's	halveren, steel, zaad en zaadlijsten verwijderen, paprika's wassen, in reepjes snijden
3 vleestomaten	met kokend water begieten, in koud water laten schrikken, ontvellen, de kroontjes wegsnijden, de kern verwijderen, tomaten in stukjes snijden
2 teentjes knoflook	pellen, kneuzen
30 g boter of 3 el olie	verhitten, de schoongemaakte groenten daarin bakken, met
1/2 tl gedroogde tijm wat gedroogde of verse salie	bestrooien
1 laurierblaadje	toevoegen
1,25 dl witte wijn	toevoegen, 8-10 minuten stoven
800 g visfilet (roodbaars of koolvis)	in blokjes snijden
1 bekertje crème fraîche	aan de groenten toevoegen
1/2 tl bouillonpoeder	over de groenten strooien, goed erdoor roeren, de visblokjes aan de groenten toevoegen, met
cayennepeper zout citroensap	op smaak brengen, gaar laten stoven
kooktijd:	10-15 minuten.
Erbij:	rijst of gekookte aardappelen.

Snoek in groentebed

(Foto rechts)

1 schoongemaakte snoek (circa 1,5 kg)	
150 g spek	in reepjes snijden, de snoek met de spekreepjes larderen, van binnen en buiten met
citroensap	besprenkelen, ongeveer 15 minuten laten staan, droogdeppen, van binnen en buiten eventueel met
zout	op smaak brengen, in een beboterde braadslee leggen
250 g wortelen	schoonmaken, schrappen, wassen
250 g knolselderij	onder de koude kraan schoonborstelen, schillen
250 g prei 250 g champignons 250 g rode kool	schoonmaken, wassen, de groenten in fijne reepjes snijden, rondom de vis in de braadslee leggen
	de snoek en de groenten met
gesmolten boter	besprenkelen, met zout bestrooien, met aluminiumfolie afdekken, in de voorverwarmde oven schuiven, gaar bakken
oven op:	200-225 graden
baktijd:	ongeveer 35 minuten.

Viskoteletten in biersaus

(Foto boven)

4 viskoteletten (elk 200 g, schelvis, zeewolf)	met
citroensap	besprenkelen, ongeveer 15 minuten laten staan, droogdeppen, met
zout	bestrooien
250 g prei	schoonmaken, wassen
250 g wortelen	schoonmaken, schrappen, wassen
250 g knolselderij	goed onder de koude kraan schoonborstelen, schillen
1 peterseliewortel	schoonmaken, schrappen, wassen de groenten in fijne reepjes snijden
2 el boter	smelten, de groenten daarin bakken
2,5 dl moutbier *2,5 dl licht bier*	toevoegen
1/2 bouillonblokje *of* *1 tl bouillonpoeder*	erdoor roeren
4 pimentkorrels *versgemalen peper* *citroenschil*	toevoegen, ongeveer 10 minuten in gesloten pan koken de vis in de saus leggen, gaar laten trekken, op een voorverwarmde schaal leggen, warm houden
2 afgestreken el maizena	door
4 el koud water	roeren, de saus daarmee binden, met citroensap, zout, peper,
suiker	op smaak brengen de saus over de vis gieten
kooktijd voor de vis:	ongeveer 15 minuten
kooktijd voor de saus:	ongeveer 25 minuten.
Erbij:	rijst of gekookte aardappelen.

Heilbot op groenten met kruidenkwark

(Foto onder)

4 moten heilbot (elk circa 200 g)	met het sap van
1 citroen	besprenkelen, ongeveer 15 minuten laten staan, droogdeppen
1 wortel	schoonmaken, schrappen, wassen, in stukjes snijden
3 lente-uitjes	schoonmaken, het donkere groen tot op ongeveer 15 cm verwijderen, de knollen eventueel pellen, de uitjes wassen, in schuine schijfjes snijden, van
2 courgettes	de punten afsnijden, de courgettes wassen, afdrogen, in dunne schijfjes snijden, de groenten met
0,75 dl droge witte wijn	
1 el boter	
0,75 dl instant-kreeftesoep	in een brede, vlakke kookpan doen, aan de kook brengen, afgedekt ongeveer 15 minuten koken
	de vismoten op de groenten leggen, met
zout, peper	bestrooien, afgedekt in ongeveer 10 minuten gaar laten koken
400 g kwark	met
30 g fijngesneden tuinkruiden	
2 tl mierikswortel (uit een pot)	vermengen, in een waterbad verwarmen, een deel op de gare vis scheppen, de rest erbij geven
kooktijd:	ongeveer 15 minuten.
Erbij:	peterselieaardappelen.

Creoolse kabeljauw

800 g kabeljauwfilet	in ongeveer 2 cm grote blokjes snijden, met
1-2 el citroensap	besprenkelen, ongeveer 15 minuten laten staan, droogdeppen, met
zout	bestrooien
225 g maiskorrels (uit blik)	uit laten lekken
75 g doorregen spek	in blokjes snijden, met
1 el boter	verhitten, de maiskorrels kort daarin verhitten, met zout op smaak brengen, de visblokjes in het midden van een met
boter	ingevette vlakke ovenschaal leggen, de mais eromheen leggen
boter	in klontjes daarop leggen, de ovenschaal met aluminiumfolie afsluiten, op het rooster in de oven zetten, het gare gerecht met
gehakte peterselie	bestrooien
oven op:	225-250 graden
baktijd:	25-30 minuten.
Erbij:	gekookte of gebakken aardappelen.

Roodbaarsfilet in witte-wijnsaus

(2-3 personen)

Circa 400 g roodbaarsfilet	met
citroensap	besprenkelen, ongeveer 15 minuten laten staan, droogdeppen, met
zout	bestrooien
1 ui	pellen en snipperen
2 el boter	verhitten, de uisnippers daarin glazig bakken de roodbaarsfilet met
1 dl witte wijn	toevoegen, de vis gaar stoven, uit de pan nemen, op een voorverwarmde schaal leggen, warm houden
	voor de saus
1 bekertje crème fraîche 3-4 el tomatenketchup	door het kookvocht roeren, even opkoken, de saus met
zout peper suiker	op smaak brengen, over de vis gieten, met
1 el gehakte peterselie	bestrooien
kooktijd:	ongeveer 10 minuten.
Erbij:	aardappelen met botersaus of rijst.

Roodbaars met uien en groene peper

(Foto links)

4 roodbaarsfilets (elk circa 200 g)	met
citroensap	besprenkelen, ongeveer 15 minuten laten staan
250 g uien	pellen, in dunne schijven snijden
2 el boter	verhitten, de uischijven daarin glazig bakken de vis met
zout peper 1 tl dragonblaadjes	bestrooien, op de uiringen leggen, afgedekt gaar laten stoven de visfilets op een voorverwarmde schaal leggen, warm houden
1,25 dl licht bier	met
1,25 dl slagroom	toevoegen, aan de kook brengen
1 el groene peperkorrels (uit een pot)	toevoegen, de saus over de vis gieten
stooftijd:	10-15 minuten.
Erbij:	dille-aardappelen, groene salade.

Pikante garnalen in knoflookboter

(Foto onder)

Circa 400 g garnalen (diepvries) bij kamertemperatuur laten ontdooien
2-3 teentjes knoflook pellen, zeer fijn hakken
2 el boter verhitten, de knoflook daarin aanbakken, de garnalen toevoegen, even doorbakken, met
zout
versgemalen peper op smaak brengen
2-3 el droge sherry erover druppelen, met
verse gehakte dille bestrooien, de garnalen op een voorverwarmde schaal leggen, met
partjes citroen
takjes dille garneren
baktijd: ongeveer 5 minuten.

Erbij: stokbrood, boter.

Kabeljauw, gestoomd

(Foto links, in de stoompan)

1,25 kg schoongemaakte kabeljauw (aan een stuk of in delen)	met
2 el citroensap	besprenkelen, ongeveer 15 minuten laten staan
2,5 dl water	met
1 pakje soepgroenten (diepvries, 75 g)	
1 laurierblaadje	
10 peperkorrels	
3 kruidnagels	
5 pimentkorrels	
1 gepelde, gesnipperde ui	
1 tl zout	
1 el azijn	in een stoompan doen, de vis in de binnenpan leggen, aan de kook brengen, gaar laten stomen de gare vis op een voorverwarmde schaal leggen
stoomtijd:	ongeveer 20 minuten.
Erbij:	gesmolten boter, gekookte aardappelen.
Variatie:	in plaats van kabeljauw de volgende vissoorten nemen: 1. Schelvis – kooktijd: ongeveer 20 minuten 2. Koolvis – kooktijd: ongeveer 20 minuten 3. Roodbaars – kooktijd: ongeveer 20 minuten 4. Leng – kooktijd: ongeveer 30 minuten 5. Snoekbaars (van schubben, ingewanden, vinnen ontdaan, met kop) – kooktijd: ongeveer 30 minuten 6. Snoek (van schubben, ingewanden, vinnen ontdaan, met kop) – kooktijd: ongeveer 30 minuten 7. Aal –1/2 recept– (schoongemaakt, ontveld, zonder kop, in 5 cm lange stukken gesneden) – kooktijd: ongeveer 20 minuten.

Heilbot, gestoofd

4 moten heilbot (circa 800 g)	met
2 el citroensap	besprenkelen, ongeveer 5 minuten laten staan, droogdeppen, met
zout, peper	bestrooien
1 kleine ui	pellen en snipperen
1-2 el boter	verhitten, de uisnippers daarin glazig bakken, de vismoten,
2 el water	
10 peperkorrels	
1 laurierblad	
1 kruidnagel	
2 pimentkorrels	toevoegen, gaar laten stoven, de gare vis op een voorverwarmde schaal leggen, met
preiringen	
peterselie	garneren
stooftijd:	8-10 minuten.
Erbij:	peterselie-aardappelen, Hollandse saus.

Tonijnsteaks Alhambra

(Foto onder, in de snelkookpan)

2,5 dl water	in de snelkookpan gieten de dichte binnenpan met
1 gepeld teentje knoflook	inwrijven, met
vloeibare boter	bestrijken
4 tonijnsteaks (elk circa 150 g)	met het sap van
1 citroen	besprenkelen, met
zout	bestrooien, door
60 g bloem	wentelen
3 el olie	verhitten, de vissteaks aan beide kanten daarin aanbraden
1 grote ui	pellen en snipperen, in de binnenpan leggen, de vissteaks erop leggen, de binnenpan in de snelkookpan zetten
1,25 dl witte wijn	over de vissteaks gieten
4 ontvelde tomaten	zeer klein snijden
1-2 el boter	in een pan verhitten, de tomaten daarin ongeveer 1 minuut bakken, met zout,
oregano	op smaak brengen, over de steaks verdelen, de snelkookpan sluiten, gaar laten koken
kooktijd:	ongeveer 7 minuten.

Koolvisrolletjes in tomatensaus

(Foto onder)

750 g koolvisfilet	met
2 el citroensap	besprenkelen, ongeveer 30 minuten laten staan, droogdeppen, met
zout	
selderijzout	
paprikapoeder	bestrooien, in niet te kleine stukken snijden, met
1 volle el mosterd	bestrijken, oprollen, met houten prikkers vaststeken
	voor de tomatensaus
1 kleine ui	pellen, fijn snipperen
375 g tomaten	wassen, in stukjes snijden
30 g boter	verhitten, ui en tomaten daarin bakken, met
30 g bloem	bestrooien, kort meeverhitten
2,5 dl water	toevoegen, met een garde kloppen, opletten dat er geen klontjes ontstaan, de saus aan de kook brengen, door een zeef wrijven, met selderijzout, zout, paprikapoeder,
2 volle eetlepels tomatenpuree	
citroensap	
tabasco	op smaak brengen, aan de kook brengen, de vis toevoegen, gaar laten trekken
kooktijd:	15-20 minuten.
Variatie:	in elk rolletje een kleine augurk wikkelen of in plaats van koolvis roodbaars- of kabeljauwfilet nemen.

Visrolletjes in wijnsaus

750 g visfilet (bijv. schol of zeetong)	met
citroensap	besprenkelen, ongeveer 30 minuten laten staan, droogdeppen de filet met
zout	bestrooien, in niet te kleine repen snijden, oprollen, met houten prikkers vaststeken, in een met
boter	ingevette ovenschaal leggen
	voor de wijnsaus
30 g boter	smelten
30 g bloem	toevoegen, verhitten tot het mengsel lichtgeel is
2,5 dl witte wijn	toevoegen, met een garde kloppen, de saus aan de kook brengen
5 el slagroom	toevoegen, de saus met zout, citroensap,
suiker	op smaak brengen, over de visrolletjes gieten de schaal op het rooster in de oven zetten
oven op:	175-200 graden
baktijd:	25-35 minuten.

Makrelen in kaassaus

4 schoongemaakte makrelen (elk 250 g)	
7,5 dl water	met
1 laurierblaadje	
6 jeneverbessen	
wat mosterzaad	
1 tl zout	
mespunt peper	
4 el azijn	aan de kook brengen, de vis toevoegen, aan de kook brengen, gaar laten trekken de vis op een voorverwarmde schaal leggen, warm houden
	voor de kaassaus de visbouillon door een zeef gieten, 3,75 dl daarvan afmeten
30 g boter	smelten
30 g bloem	toevoegen, roeren en verhitten tot het mengsel lichtgeel is de visbouillon toevoegen, met een garde goed roeren, opletten dat er geen klontjes ontstaan, de saus aan de kook brengen, ongeveer 5 minuten laten koken
50 g geraspte Zwitserse kaas	
4 el slagroom	erdoor roeren, de saus met
zout	
peper	
suiker	op smaak brengen de saus over de makrelen gieten of apart erbij geven
kooktijd voor de vis:	ongeveer 10 minuten
kooktijd voor de saus:	ongeveer 5 minuten.

Groene aal

	(Foto rechts)
	Van
1 schoongemaakte, ontvelde aal	graten verwijderen, in ongeveer 5 cm lange stukken snijden van
1 kopje fijngehakte peterselie	3/4 afnemen, met
1 fijngehakt blaadje salie	
8 fijngehakte blaadjes dragon	
1 tl zout	
2,5 dl witte wijn	aan de kook brengen, de stukken aal toevoegen, in gesloten pan gaar laten trekken, op een voorverwarmde schaal leggen, warm houden
2 el boter	smelten
1 el bloem	toevoegen, al roerend daarin verhitten tot het mengsel lichtgeel is, de vissaus toevoegen, met een garde kloppen, opletten dat er geen klontjes ontstaan, aan de kook brengen, ongeveer 10 minuten laten trekken
1 eierdooier	met
4 el slagroom	
1 tl suiker	
1 el citroensap	
1/4 tl peper	loskloppen, door de saus roeren, de rest van de peterselie,
4 el fijngesneden dille	toevoegen de saus met
suiker	
citroensap	
peper	
zout	op smaak brengen, over de stukken aal gieten
kooktijd voor de aal:	ongeveer 15 minuten.
Erbij:	gekookte aardappelen, komkommersla met roomsaus.

Snoek in fricasseesaus

(Foto onder)

1 snoek (1-1,5 kg)	fileren, in niet te kleine stukken snijden, met
azijn	besprenkelen, ongeveer 30 minuten laten staan, droogdeppen, met
zout	bestrooien
	de stukken vis in een met
boter	ingevette pan leggen, gaar stoven
	voor de fricasseesaus
30 g boter	smelten
35 g bloem	al roerend daarin verhitten tot het mengsel lichtgeel is
5 dl vleesbouillon (blokje)	toevoegen, met een garde kloppen, opletten dat er geen klontjes ontstaan, aan de kook brengen, ongeveer 5 minuten laten koken
150 g gekookte champignonstukjes	met
1 tl kappertjes	
1-2 geweekte ansjovisfilets	erdoor roeren, ongeveer 5 minuten daarin laten trekken
1 eierdooier	met
2 el slagroom	loskloppen, de saus daarmee binden, met zout,
peper	
witte wijn	op smaak brengen, de stukken vis aan de saus toevoegen, meeverhitten
stooftijd voor de vis:	ongeveer 20 minuten
kooktijd voor de saus:	ongeveer 10 minuten.

Mosselen op Franse wijze

1,5 kg mosselen	in ruim koud water leggen, een paar uur daarin laten liggen, het water af en toe verversen, de mosselen daarna goed afborstelen, de baarden verwijderen, de mosselen spoelen tot het water volkomen helder blijft, mosselen die bij het weken of schoonborstelen opengaan weggooien, alleen gesloten mosselen gebruiken
2 kleine uien	pellen en snipperen
50 g boter	smelten, de uisnippers daarin glazig bakken
1 bosje soepgroente	schoonmaken, wassen, kleinsnijden
1 el gehakte peterselie	
3,75 dl witte wijn	toevoegen, even laten koken, met
zout	
peper	
knoflookpoeder	op smaak brengen, de mosselen toevoegen, al roerend daarin verhitten tot ze opengaan (mosselen die bij het koken niet opengaan, weggooien) de mosselen in een voorverwarmde schaal leggen, de bouillon met zout, peper, knoflookpoeder op smaak brengen, bij de mosselen geven
kooktijd:	ongeveer 10 minuten.

Vis Stroganoff

(Foto rechts, 2 personen)

400 g visfilet (bijv. kabeljauw of schelvis)	met
citroensap	besprenkelen, ongeveer 15 minuten laten staan
1 grote ui	pellen en snipperen, met
1 tl kappertjes	in
2,5 dl hete vleesbouillon (blokje)	doen, aan de kook brengen, ongeveer 5 minuten laten koken
1 el maizena	door
2 el koud water	roeren, de bouillon daarmee binden, met
tomatenpuree	
mosterd	
zout	
peper	
paprikapoeder	en citroensap op smaak brengen
2 augurken	in fijne reepjes snijden, door de saus roeren, de saus even opkoken de visfilet in blokjes snijden, aan de saus toevoegen, in 10-15 minuten gaar laten trekken het gerecht in een voorverwarmde schaal doen, met
gehakte peterselie	bestrooien
kooktijd:	25-30 minuten.

Visfricassee

	(Foto links)
750 g visfilet	met
citroensap	besprenkelen, ongeveer 30 minuten laten staan, droogdeppen, met
zout	bestrooien, in niet te kleine stukken snijden
	voor de saus
30 g boter	smelten
35 g bloem	al roerend daarin verhitten tot het mengsel lichtgeel is
5 dl vleesbouillon (blokje)	toevoegen, met de garde kloppen, opletten dat er geen klontjes ontstaan, de saus aan de kook brengen, de vis erin leggen
1 tl kappertjes	toevoegen, met zout,
witte wijn *citroensap* *selderijzout* *paprikapoeder*	op smaak brengen, de vis gaar laten trekken
2 eierdooiers	met
2 el koud water	loskloppen, de saus daarmee binden, met citroensap, zout op smaak brengen de fricassee eventueel in een rijstrand serveren, met
schijfjes citroen *peterselie* *partjes tomaat*	garneren, met
gehakte peterselie	bestrooien
kooktijd:	10-15 minuten.

Zeetongfilets met mosterd-roomsaus

12 zeetongfilets (circa 600 g)	oprollen, met houten prikkers vaststeken
1,25 dl witte wijn	met
1,25 dl water *6 peperkorrels* *wat mosterdzaad* *1 schijfje citroen* *1 tl zout, peper*	aan de kook brengen, de visrolletjes erin leggen, aan de kook brengen, gaar laten trekken, uit de visbouillon nemen, op een voorverwarmde schaal leggen, warm houden
	voor de mosterd-roomsaus
25 g boter	smelten
25 g bloem	al roerend daarin verhitten tot het mengsel lichtgeel is
3 dl vloeistof (half melk, half visbouillon)	aan de kook brengen, ongeveer 5 minuten laten koken
2 el mosterd	met
1,25 dl slagroom	erdoor roeren, verhitten, met
zout, *peper* *suiker* *citroensap*	op smaak brengen een deel van de saus over de visrolletjes gieten, de rest er apart bij geven
kooktijd:	10-15 minuten.
Erbij:	kerrie-kruidenrijst, doperwtjes.

Visrolletjes op prei

	(Foto boven, in de snelkookpan)
4 roodbaarsfilets (circa 750 g)	met
citroensap	besprenkelen, ongeveer 15 minuten laten staan steeds 1 visfilet tussen 2 stuks van
8 plakjes doorregen spek	leggen, het bovenste spekplakje met
mosterd	bestrijken, met
peper	bestrooien, oprollen
750 g prei (schoongemaakt gewogen)	wassen, in de lengte doorsnijden, in ongeveer 2 cm lange stukken snijden
2 el boter	in de open snelkookpan smelten, de prei daarin verhitten
1,25 dl water	toevoegen, met peper bestrooien de visrolletjes daarop leggen, de snelkookpan sluiten, vis en groenten gaar koken eventueel
1-2 el bloem	door
1,25 dl slagroom	roeren, de prei daarmee binden, met peper,
zout	op smaak brengen
kooktijd:	ongeveer 8 minuten.
Erbij:	peterselie-aardappelen, tomatensla.

Roodbaars in tomatensaus

(Foto onder, in de snelkookpan)

4 roodbaarsfilets (elk 200 g)	met
2 el citroensap	besprenkelen, ongeveer 15 minuten laten staan
750 g vleestomaten	met kokend water begieten, in koud water laten schrikken, ontvellen, de kroontjes wegsnijden, tomaten in stukjes snijden
1 middelgrote ui *2 teentjes knoflook*	pellen en snipperen
2 el olijfolie	in de snelkookpan verhitten ui- en knoflooksnippers daarin fruiten, tomaatstukjes toevoegen, met
zout *peper*	op smaak brengen
50 g doorregen spek	in dobbelsteentjes snijden, met
70 g tomatenpuree *1 tl gekneusde groene poeperkorrels* *2 el slagroom* *1-2 el gehakte basilicumblaadjes*	aan de tomaat toevoegen, mengen, met zout bestrooien de visfilets droogdeppen, met zout, peper bestrooien, aan de saus toevoegen de snelkookpan sluiten, de kookregelaar pas op stand 1 schuiven wanneer veel damp is ontsnapt (na ongeveer 1 minuut) na het verschijnen van de eerste ring de visfilets nog ongeveer 3 minuten kok de pan van het vuur nemen, de kookregelaar langzaam stapsgewijs terugtrekken, de pan openen, de vis o een voorverwarmde schaal leggen de tomatensaus met zout, peper op smaak brengen
kooktijd:	ongeveer 3 minuten.
Erbij:	gekookte aardappelen, rijst, groene sl.
Variatie:	de saus door een zeef wrijven, eventueel wat bindmiddel erdoor roeren.

Gebakken roodbaarsfilet

(Foto boven)

750 g roodbaarsfilet	in porties snijden, met
2 el citroensap	besprenkelen, ongeveer 30 minuten laten staan, droogdeppen,

	met
zout	
peper	bestrooien
1 ei	met
2 el	
koud water	loskloppen
	de filet eerst door
bloem	dan door geklopt ei en daarna door
paneermeel	wentelen
80 g boter	verhitten, de filetstukken daarin aan beide kanten goudbruin bakken
baktijd:	10-12 minuten.
Variatie:	in plaats van roodbaars kan ook filet van koolvis, leng of kabeljauw worden genomen baktijd: 10-12 minuten of zeetongfilet baktijd: ongeveer 15 minuten.

Schelvis uit de oven

1,5 kg schoon-gemaakte schelvis	met
citroensap	besprenkelen, met
zout	bestrooien
wat boter	in klontjes erop leggen de vis met de opening omlaag op een omgekeerd kopje gesteund op een glazen schaal zetten, in de oven gaar laten worden de gare schelvis met
schijfjes citroen	
peterselie	garneren
oven op:	175-200 graden
baktijd:	ongeveer 40 minuten.
Erbij:	gekookte aardappelen, gemengde sla.

Gebakken zeetong

(Foto onder)

4 schoongemaakte zeetongen (elk circa 300 g)	met
4 el citroensap	besprenkelen, ongeveer 30 minuten laten staan, droogdeppen, van binnen en buiten met
zout	bestrooien, door
bloem	wentelen
125 g kruidenboter	verhitten, de zeetongen aan beide kanten daarin aanbraden, op een voorverwarmde schaal leggen, warm houden
250 g cantharellen	schoonmaken, wassen, in schijfjes snijden, de paddestoelen in
50 g kruidenboter	ongeveer 10 minuten bakken
1,25 dl witte wijn	
1,25 dl slagroom	toevoegen, goed roeren, even opkoken, van het vuur nemen
2 eierdooiers	loskloppen, door de saus roeren, met zout, peper op smaak brengen over de zeetongen gieten
25 g kruidenboter	verhitten
50 g gehakte amandelen	daarin bakken, over de zeetongen scheppen
baktijd:	elke kant ongeveer 6 minuten.
Erbij:	rijst, bladsla of kleine kruidenaard-appelen, witlofsalade.

Vissticks in pikante saus

	Voor de saus
3 el mayonaise	met
2 el tomatenketchup	
4 el slagroom	
1 tl aalbessengelei	vermengen
1 hardgekookt ei	pellen, fijnhakken
1 ui	pellen
1 augurk	beide ingrediënten snipperen
1 tl kappertjes	fijnhakken de ingrediënten met
1 el fijngehakte peterselie	door de saus roeren, met
citroensap	
versgemalen peper	op smaak brengen
30 g boter	verhitten, de inhoud van
2 pakjes vissticks (diepvries)	erin leggen, aan beide kanten knapperig bruin bakken
baktijd:	8-10 minuten.
Variatie:	voor een visstickfondue de diepvriesvissticks een keer doorsnijden. In een fonduepan vet verhitten, de visstukjes 5-8 minuten daarin bakken. Serveren met koude sauzen, stokbrood, augurkjes, zilveruitjes, olijven enzovoort.

Gebakken groene haring

(Foto onder)

1,25 kg schoongemaakte groene haringen	onder de koude kraan afspoelen, droogdeppen
2 el bloem	met
zout	
peper	vermengen, de haringen erdoor wentelen
5 el olie	verhitten, de haringen aan beide kanten daarin bakken
baktijd:	6-8 minuten.
Erbij:	gekookte aardappelen of aardappelsalade.

Amandel-visfilets met kruidenkwark

(Foto boven)

2 koolvisfilets (elk circa 200 g)	met
citroensap	besprenkelen, ongeveer 15 minuten laten staan, droogdeppen, met
zout	
peper	bestrooien
	de filets eerst door
2 el bloem	dan door
1 geklopt ei	daarna door
4 el paneermeel	wentelen
2 el olie	verhitten, de visfilets daarin aan beide kanten goudbruin bakken, op een voorverwarmde schaal leggen
400 g kwark	vermengen, met
50 g gehakte tuinkruiden	over de visfilets scheppen
1-2 el boter	smelten
4 el gepelde, geschaafde amandelen	daarin goudbruin bakken, over de kwark strooien
	de amandel-visfilets met
peterselie	
schijfjes citroen	garneren en serveren
baktijd:	elke kant 10-12 minuten.
Erbij:	aardappelen, botersaus.

Zeetongfilets, gebakken

8 zeetongfilets (circa 600 g)	met
citroensap	besprenkelen, ongeveer 30 minuten laten staan, droogdeppen, met
zout	
peper	bestrooien, met
gesmolten boter	bestrijken, door
paneermeel	wentelen
2 el boter	verhitten, de filets aan beide kanten daarin bruin bakken, met
gepelde, geroosterde amandelen	serveren
baktijd:	5-10 minuten.

Gevulde snoekbaars

(Foto onder)

1 schoongemaakte snoekbaars (circa 1 kg)	met
citroensap	besprenkelen, ongeveer 15 minuten laten staan
	voor de vulling
1 witte boterham	zonder korst in koud water weken, uitknijpen
1 ui	pellen en snipperen
250 g rundergehakt	met het brood, de uisnippers,
1 ei, 1 tl mosterd	
zout, peper	
1/2 pakje gemengde kruiden (diepvries)	vermengen
	de vis van binnen en buiten met zout en peper bestrooien
	de vulling in de buikholte leggen, licht aandrukken, de vis in een ovenschaal leggen
3 plakken doorregen spek	halveren, op de vis leggen
	de schaal zonder deksel op het rooster in de oven zetten
circa 200 g champignons (uit blik)	uit laten lekken (het vocht opvangen), halveren, ongeveer 20 minuten voor het einde van de oventijd aan de vis toevoegen, van het champignonvocht 1,25 dl afmeten, met
1,25 dl slagroom	
1/2 pakje gemengde kruiden (diepvries)	
2 tl maizena	vermengen, aan de kook brengen, met zout, peper op smaak brengen, bij de vis geven
oven op:	200-225 graden
baktijd:	ongeveer 60 minuten.

Forellen, gebakken

(Foto boven)

4 schoongemaakte forellen (elk 150-200 g)	van binnen en buiten met
citroensap	besprenkelen, ongeveer 15 minuten laten staan, droogdeppen, met
zout	bestrooien, door
bloem	wentelen
4 el olie	verhitten, de vis aan beide kanten daarin bakken, de olie afgieten
50 g boter	aan de vis toevoegen, de vis door het boterschuim wentelen, op een voorverwarmde schaal leggen, warm houden, de boter met
2 el citroensap	en naar wens met
1 el worcestersaus	vermengen, over de forellen verdelen, eventueel met
gehakte peterselie	bestrooien, met
schijfjes citroen	garneren
baktijd:	ongeveer 10 minuten.
Erbij:	aardappelen, boterjus, bladsla.

Koolvisfrikadellen

1 kadetje	in koud water weken
500 g koolvisfilet	met
2 el citroensap	besprenkelen, ongeveer 30 minuten laten staan, de ingrediënten door de vleesmolen draaien
1 middelgrote ui	pellen en snipperen
1 el olie	verhitten, de uisnippers daarin glazig bakken
	vis, brood en ui met
1 ei	
1 el gehakte peterselie	vermengen, met
zout	
peper	
citroensap	
1 el mosterd	op smaak brengen
	van het mensel met vochtige handen platte schijven vormen, door
paneermeel	wentelen
60 g boter	verhitten, de frikadellen daarin aan beide kanten bruin bakken
baktijd:	ongeveer 10 minuten.
Erbij:	aardappelsalade, remouladesaus.

Bakharingen met spek

(Foto onder)

8 schoongemaakte groene haringen (elk circa 150 g)	van binnen met
citroensap	besprenkelen, ongeveer 15 minuten laten staan, van binnen met
2 tl zout	
1 tl peper	inwrijven
150 g vet rookspek	in fijne reepjes snijden, bruin bakken, uit de pan nemen, apart zetten
	de haringen in het spekvet bakken
2 kleine uien	pellen, snipperen, tussen de vissen strooien, meebakken tot ze glazig zijn
	de gare haringen op een voorverwarmde schaal leggen, warm houden
	de spekreepjes weer in de pan doen, verhitten, met het braadvet en de uisnippers over de haringen verdelen, met
dille	
peterselie	
partjes citroen	garneren
baktijd:	ongeveer 10 minuten.
Erbij:	gekookte aardappelen, groene sla.

Gebakken schol

(Foto onder)

4 schoongemaakte schollen (elk 300 g)	met
2 el citroensap	besprenkelen, ongeveer 30 minuten laten staan, droogdeppen, van binnen en buiten met
zout, peper	bestrooien, de schollen door
bloem	wentelen
80 g boter	verhitten, de schollen daar aan beide kanten goudbruin in bakken
baktijd:	6-8 minuten.
Variatie:	in plaats van schol de volgende vissoorten nemen: 1. forel (circa 300 g) baktijd: 8-10 minuten 2. zeetong (circa 250 g) baktijd: 5-7 minuten.
Erbij:	aardappelsalade of kruidenrijst.

Spekschollen

4 schoongemaakte schollen (elk 300 g)	met
citroensap	besprenkelen, ongeveer 30 minuten laten staan, droogdeppen, met
zout, peper	bestrooien, door
bloem	wentelen
2 el olie	in een grote pan verhitten
200 g magere spekplakjes	daarin aanbraden, de vis toevoegen, aan beide kanten daarin bruin bakken de schollen op een voorverwarmde schaal leggen, met het knapperige spek beleggen, met
partjes citroen	garneren
baktijd:	15-20 minuten.

Knapperige kerrievis

(Foto boven, 2-3 porties)

Circa 400 g	
visfilet	met
citroensap	besprenkelen, ongeveer 15 minuten laten staan, droogdeppen met
zout	
peper	bestrooien, in een met
boter	ingevette ovenschaal leggen
1 appel	schillen, klokhuis wegsnijden, de appel in stukjes snijden
1 bekertje	
crème fraîche	met
1 el witte wijn	
1/4 tl zout	
1 tl suiker	
1 tl kerriepoeder	
1 el fijngehakte mangochutney	vermengen, de appelstukjes erdoor roeren het crème-fraîchemengsel over de vis verdelen de schaal op het rooster in de voorverwarmde oven zetten
oven op:	175-200 graden
baktijd:	ongeveer 30 minuten.
Erbij:	rijst.

Gevulde vis

750 g	
koolvisfilet	met
2 el citroensap	besprenkelen, ongeveer 30 minuten laten staan
	voor de vulling
1 pakje spinazie	
à la crème	
(diepvries)	volgens de aanwijzingen op de verpakking bereiden de vis droogdeppen, met
zout, peper	bestrooien, de helft van de filets in een met
boter	ingevette ovenschaal leggen, de vulling erover verdelen, de andere visfilets hierop leggen
	voor het beleg
2 bekertjes	
crème fraîche	met
1 el geraspte	
Parmezaanse	
kaas	vermengen, de vis ermee bestrijken de schaal op het rooster in de voorverwarmde oven zetten
oven op:	200-225 graden
baktijd:	35-40 minuten.
Variatie:	in plaats van koolvis roodbaars- of kabeljauwfilet nemen.

Forel Florentine

(Foto onder)

600 g bladspinazie (diepvries)	bij kamertemperatuur laten ontdooien
80 g doorregen spek	in kleine blokjes snijden, uitbakken
1 middelgrote ui	pellen en snipperen, in het spekvet glazig bakken, de spinazie toevoegen, een paar minuten meebakken, met
zout	
peper	op smaak brengen de spinazie in een ingevette ovenschaal leggen
4 schoongemaakte forellen (elk circa 200 g)	van binnen en buiten met
citroensap	besprenkelen, ongeveer 15 minuten laten staan, droogdeppen, met
zout	bestrooien, door
3-4 el bloem	wentelen
60 g boter	verhitten, de forellen daarin aan beide kanten goudbruin bakken, naast elkaar op de spinazie leggen, de schaal op het rooster in de voorverwarmde oven zetten het aanbaksel met
3 el witte wijn	loskoken, door een zeef gieten
1 bekertje crème fraîche	erdoor roeren met
zout	
peper	op smaak brengen kort voor het einde van de baktijd de saus over de forellen verdelen, kort meebakken
oven op:	ongeveer 200 graden
baktijd:	20-25 minuten.

Kabeljauw met peterselievulling

(Foto boven)

1 schoongemaakte kabeljauw (circa 1,5 kg)	met
citroensap	besprenkelen, ongeveer 30 minuten laten staan, droogdeppen, van binnen en buiten met
zout	
peper	op smaak brengen
	voor de vulling
1 bosje lente-uitjes (circa 250 g)	schoonmaken, het donkere groen tot op 15 cm verwijderen, de knollen eventueel pellen, de uitjes wassen, in ringen snijden
50 g boter	smelten, de uiringen daarin bijna gaar stoven

4-5 el gehakte peterselie	aan de uiringen toevoegen, meestoven, met
zout worcestersaus	op smaak brengen een groot stuk aluminiumfolie in de braadslee leggen, de vis met de rug omlaag daarop leggen, de buik met de peterseliemassa vullen, een deel ervan op de vis leggen
2 tomaten	wassen, afdrogen, de kroontjes eruit snijden, tomaten in plakjes snijden, op de vis leggen met
zout peper	bestrooien de aluminiumfolie om de vis heen dichtvouwen, goed sluiten, de braadslee op het rooster in de voorverwarmde oven zetten
oven op:	ongeveer 250 graden
baktijd:	ongeveer 45 minuten.
Erbij:	aardappelen, botersaus, groene salade.

Gevulde snoek met kaas gegratineerd

1 schoongemaakte snoek (1-1,5 kg) citroensap	van binnen en buiten met besprenkelen, ongeveer 15 minuten laten staan, droogdeppen, met
zout, peper	bestrooien
	voor de vulling
1 boterham	weken, goed uitknijpen
1 kleine ui	pellen en snipperen
60 g champignons (uit blik)	uit laten lekken, het vocht bewaren de ingrediënten met
250 g rundergehakt 1 ei 1 el gehakte peterselie 1 tl mosterd	vermengen, met zout, peper op smaak brengen, de vis daarmee vullen, een groot stuk aluminiumfolie (extra sterk) in het midden met
100 g doorregen spekplakjes	beleggen, de vis met de buik omlaag erop leggen, de folie losjes maar goed sluiten op een bakplaat leggen, in de oven schuiven de folie na ongeveer 50 minuten bakken openen, het vocht afgieten, opvangen de snoekrug 8 keer insnijden
4 plakken Goudse kaas	halveren, in de inkepingen leggen, de vis nog 5-10 minuten in de oven zetten
	voor de saus het visvocht met het champignonvocht tot 2,5 dl aanvullen, aan de kook brengen
1 niet te volle el maizena	met
wat koud water	aanroeren, de visbouillon daarmee binden
2 el tomatenketchup	toevoegen, de saus met zout, peper op smaak brengen de snoek met
partjes tomaat peterselie	garneren, de saus erbij geven
oven op:	225-250 graden
baktijd voor de vis:	ongeveer 60 minuten
kooktijd voor de saus:	ongeveer 5 minuten.
Erbij:	gekookte aardappelen of aardappelcroquetjes, groene salade.

Forel in spekjasje

(Foto rechts)

4 schoon-gemaakte forellen (200 g per stuk)	van binnen en buiten met
zout	bestrooien, een ovenschaal met
boter	invetten
12 dunne plakjes doorregen spek	om de vis wikkelen, de vis in de schaal leggen, op het rooster in de voorverwarmde oven zetten
2,5 dl zure room	met
zout	
peper	
cayennepeper	
paprikapoeder	
suiker	op smaak brengen, na ongeveer 15 minuten oventijd over de forellen verdelen, nog 5 minuten in de oven bakken
oven op:	200-225 graden
baktijd:	ongeveer 20 minuten.
Erbij:	peterselie-aardappeltjes, groene, witlof- of tomatensla.

Koolvisrolletjes in pikante saus

(Foto boven)

750 g koolvisfilet	met
2 el citroensap	besprenkelen, ongeveer 30 minuten laten staan, droogdeppen, met
zout	
peper	bestrooien de filet in niet te kleine repen snijden, oprollen, met houten prikkers vaststeken, in een met
boter	ingevette ovenschaal leggen
	voor de saus
1 ui	pellen

50 g *doorregen spek*	
	beide ingrediënten kleinsnijden
	het spek uitbakken, de uisnippers daarin lichtbruin bakken, af laten koelen
2 augurken	in blokjes snijden, met het afgekoelde spekmengsel,
2 tl mosterd	vermengen

1 bekertje *crème fraîche*	erdoor roeren, de saus met
zout	
suiker	op smaak brengen
2 el madeira	door de saus roeren, over de visrolletjes gieten, de schaal in de voorverwarmde oven zetten
oven op:	200-225 graden
baktijd:	25-35 minuten.

Gegratineerde visfilet met kerrierijst

(Foto rechts)

400 g visfilet (bijv. kabeljauw)	met het sap van
1 citroen	besprenkelen, ongeveer 15 minuten laten staan, met
zout	bestrooien
2 uien	pellen, snipperen
4 plakken gekookte ham	in blokjes snijden de beide ingrediënten in een pan met wat boter bakken
5 tomaten	wassen, afdrogen, in plakjes snijden
150 g gekookte, gesneden champignons	uit laten lekken
300 g yoghurt	met
zout 1 bosje fijngesneden bieslook 1 bosje gehakte dille 1 bosje fijngehakte peterselie peper paprikapoeder strooiaroma	vermengen
	een langwerpige ovenschaal met
boter	invetten, de visfilet erin leggen, het ham-uimengsel, de champignons en de tomaat erover verdelen, met de yoghurtsaus begieten
2 el paneermeel	erover strooien
boter	in klontjes erover verdelen
	voor de kerrierijst
circa 300 g (2 kopjes) rijst	wassen met
circa 4 kopjes water wat zout boter	in een vuurvaste schaal doen, met
kerriepoeder	bestrooien, het deksel op de schaal leggen de beide schalen in de oven zetten ongeveer 10 minuten voor het einde van de baktijd
150 g geraspte Emmentaler kaas	over de visfilet strooien
oven op:	200-225 graden
baktijd:	45-50 minuten.

Tonijn in tomatensaus

2 rode paprika's	halveren, steel, zaad en zaadlijsten verwijderen, paprika wassen, in kleine stukjes snijden
3-4 vleestomaten (circa 750 g)	met kokend water begieten, in koud water laten schrikken, ontvellen, de kroontjes wegsnijden, tomaten in kleine stukjes snijden, van
1 rood pepertje (uit een pot)	de steel en de zaadjes verwijderen, in zeer fijne reepjes snijden
1 bosje peterselie	wassen, droogdeppen, fijnhakken
3 teentjes knoflook 300 g uien	pellen, snipperen
4 el olie	in een vuurvaste schaal verhitten, knoflook en uisnippers daarin glazig bakken paprika, tomaat, peper en peterselie toevoegen, al roerend ongeveer 10 minuten goed doorstoven, met
zout versgemalen	

zwarte peper	
1 el paprikapoeder	
2 tl bouillonpoeder	op smaak brengen
4 moten tonijn (circa 200 g per stuk)	in de tomatensaus leggen
	de schaal sluiten met een deksel of aluminiumfolie, op het rooster in de voorverwarmde oven zetten, ongeveer 30 minuten bakken
stooftijd voor de groenten:	ongeveer 15 minuten
oven op:	ongeveer 225 graden
baktijd:	ongeveer 40 minuten.
Erbij:	aardappelen met boterjus, rijst of stokbrood.

Gegratineerde oesters

(Foto onder)

24 oesters	goed wassen, dan met een oestermes openmaken, daarvoor de oester met de bolle kant omlaag in de linkerhand nemen, het oestermes tussen de schelpen steken en deze openwrikken, afspoelen, de baard verwijderen, de oesters uit de schelp halen, de bolle schelpen goed wassen
50-75 g boter	smeuïg roeren
1 el gehakte peterselie	
wat gedroogde dille	
mespunt mosterd	erdoor roeren met
zout	
peper	
knoflookpoeder	op smaak brengen, de bolle oesterschelpen met 2/3 van de kruidenboter vullen, de oesters daarop leggen
wat paneermeel	met
30 g geraspte Goudse kaas	vermengen, gelijkmatig over de oesters verdelen, de rest van de kruidenboter in klontjes erover verdelen, op de bakplaat in de voorverwarmde oven zetten
oven op:	225-250 graden
baktijd:	8-10 minuten.
Erbij:	stokbrood, schijfjes citroen.

Snoekfilet, gebakken

4 snoekfilets	met
citroensap	besprenkelen, ongeveer 30 minuten laten staan, droogdeppen, met
zout	bestrooien
50 g spek	in blokjes snijden, in
1 el olie	uitbakken, de filets aan beide kanten daarin bakken, op een voorverwarmde schaal leggen, met
peterselie	garneren
baktijd:	ongeveer 10 minuten.

Schol van de grill

(Foto onder)

4 schoongemaakte schollen (elk circa 300 g)	met het sap van
1 citroen	besprenkelen, ongeveer 15 minuten laten staan, droogdeppen, op het grill-rooster leggen, onder de voorverwamde grill aan beide kanten grillen de gare schollen met
zout	bestrooien
grilltijd:	elke kant 4-6 minuten.

Pikante witte kool met makrelen

(Foto onder)

	Voor de pikante witte kool
1 kleine witte kool (circa 750 g)	van de buitenste bladeren ontdoen, de kool in achten snijden, de stronk eruit snijden, de kool wassen, in reepjes snijden
8-10 uien (circa 250 g)	pellen, in vieren snijden
50 g reuzel	verhitten, de uidelen daarin lichtgeel bakken, de kool toevoegen, goed verhitten, met
zout peper	op smaak brengen
5 jeneverbessen 1 laurierblad 1,25 dl water	toevoegen, ongeveer 5 minuten laten koken
2 zurige appels	schillen, in vieren snijden, klokhuis verwijderen, appels in schijfjes snijden, aan de kool toevoegen de kool nog ongeveer 10 minuten laten stoven, met zout, peper,
azijn	op smaak brengen, warm houden
2 schoongemaakte makrelen (circa 1,2 kg)	met
citroensap	besprenkelen, ongeveer 15 minuten laten staan, van binnen en buiten met
zout peper	bestrooien de makrelen op de rug enkele keren insnijden, onder de voorverwarmde grill leggen, aan elke kant circa 7 minuten grillen, de gare makrelen op de kool serveren.

Baars, gebakken

2-3 schoongemaakte baarzen (circa 1,5 kg)	afspoelen, droogdeppen
	voor de marinade
sap van 1 citroen	met
1 tl zout 1 tl grofgemalen peper 2-3 el gemengde fijngehakte tuinkruiden	vermengen, de vis daarmee inwrijven, 2-3 uur laten intrekken uit de marinade nemen, droogdeppen de marinade door een zeef gieten, de kruiden met
circa 2 el zachte boter 2 eierdooiers	vermengen, de vis daarmee bestrijken, door
paneermeel	wentelen
50 g boter	smelten, de vissen daarin aan beide kanten goudbruin bakken, op een voorverwarmde schaal leggen
baktijd:	20-25 minuten.
Erbij:	peterselie-aardappelen, andijviesla.

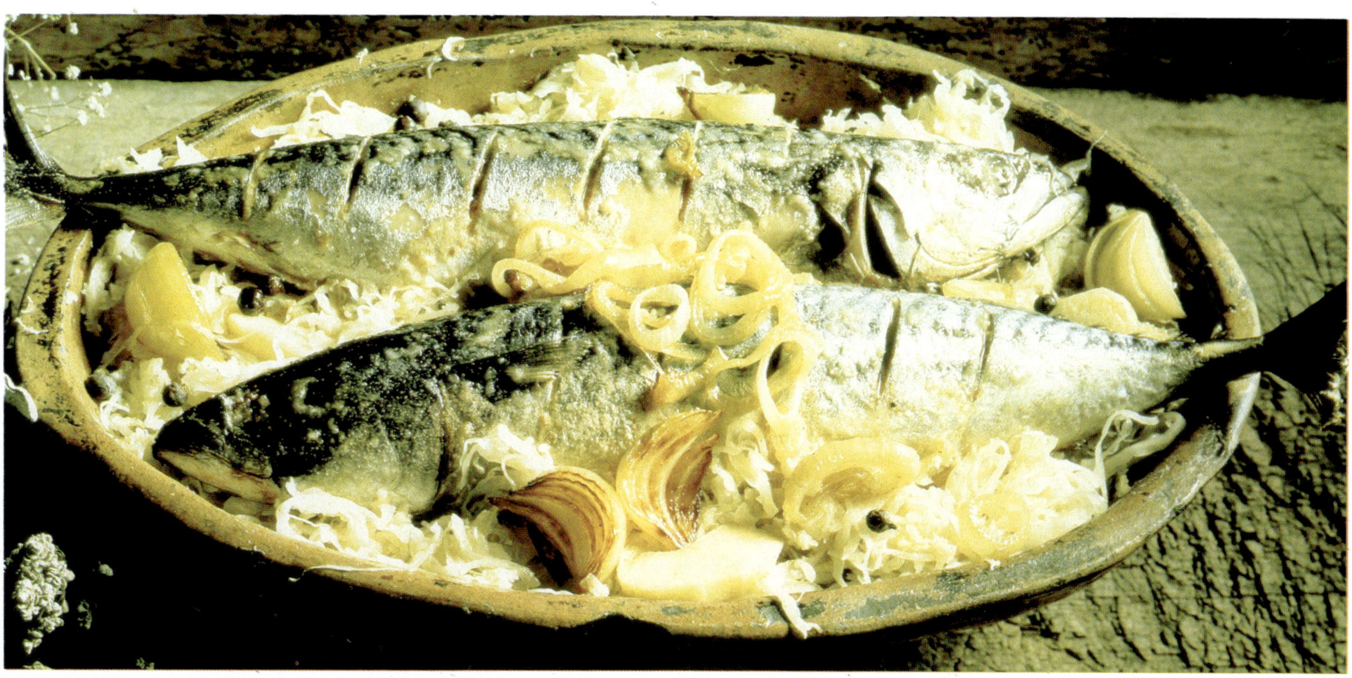

Gegrillde heilbot met kruidenboter

(Foto boven)

8 heilbotfilets	met
citroensap	besprenkelen, ongeveer 15 minuten laten staan, droogdeppen, met
gesmolten boter	bestrijken met
zout	
peper	op smaak brengen, op het ingevette grillrooster leggen, onder de grill schuiven
125 g kruidenboter	in plakjes snijden de gare filets hiermee beleggen, op een voorverwarmde schaal leggen, eventueel met
gegrillde tomaten	garneren
grilltijd:	elke kant 6-7 minuten.
Erbij:	gegratineerde roomaardappelen, salade.

Zeetong met asperges

8 zeetongfilets (circa 600 g)	met
citroensap	besprenkelen, ongeveer 30 minuten laten staan, droogdeppen
30 g gesmolten boter	met
zout	vermengen, de huidkant van de filets met ongeveer de helft van de boter bestrijken
16 gekookte asperges	uit laten lekken steeds 1 filet voorzichtig met de huidkant naar binnen als een strik om 2 asperges heenleggen de zeetongstrikken op een met
olie	bestreken bakblik leggen de rest van de boter met
paprikapoeder	vermengen de zeetongfilets daarmee van buiten bestrijken, in de voorverwarmde oven schuiven

oven op:	175-200 graden
baktijd:	10-15 minuten.
Erbij:	toast.

Groene aal met salie

Circa 750 g schoongemaakte groene aal	met
zout, peper	op smaak brengen, in een ingevette vuurvaste schaal leggen
5 salieblaadjes	voorzichtig afspoelen, droogdeppen, op de vis leggen
wat boter	in klontjes erop leggen
	de schaal op het rooster in de voorverwarmde oven zetten, de vis af en toe met het braadvocht begieten
oven op:	200-225 graden
baktijd:	20-25 minuten.
Erbij:	aardappelen, botersaus, groene sla.

Shrimps Singapore

(Foto onder)

500 g garnalen (diepvries)	bij kamertemperatuur laten ontdooien, uit laten lekken
	voor het beslag
250 g bloem	met
1 afgestreken tl bakpoeder	
1 el kerriepoeder	vermengen, in een kom zeven, in het midden een kuiltje maken
1 ei	met
zout	
2,5 dl licht bier	loskloppen, een deel ervan in het kuiltje gieten, vanuit het midden het biermengsel door een deel van de bloem roeren, de rest van het biermengsel toevoegen, mengen, opletten dat er geen klontjes ontstaan
	de garnalen in het beslag dopen
frituurvet	verhitten tot 180-190 graden, de garnalen daarin in porties goudgeel bakken, op keukenpapier laten uitlekken, heet met een pikante dipsaus serveren
frituurtijd:	ongeveer 1 minuut per portie.

Amandelforellen

4 kleine schoon-gemaakte forellen	met
2 el citroensap	besprenkelen, ongeveer 15 minuten laten staan, droogdeppen, de forellen van binnen en buiten met
zout, peper	bestrooien, door
bloem	wentelen, door
1 geklopt ei	halen, dan door
40 g geschaafde amandelen	wentelen, deze goed aandrukken
frituurvet	in een friteuse tot ongeveer 170 graden verhitten, steeds 2 forellen daarin goudbruin bakken, uit laten lekken, op een voorverwarmde schaal leggen, met
schijfjes citroen	
takjes dille	garneren
frituurtijd:	5-7 minuten.
Erbij:	jonge erwtjes, aardappelpuree met kruiden, groene salade.

Gebakken vis

750 g visfilet (schelvis, kabeljauw, koolvis)	met
citroensap of azijn	besprenkelen, ongeveer 30 minuten laten staan, droogdeppen, met
zout	bestrooien, in porties snijden
	voor het beslag
100 g bloem	in een kom zeven, in het midden een kuiltje drukken
1 ei	met zout,
1,25 dl melk	loskloppen, een deel ervan in het kuiltje gieten vanuit het midden de eiermelk door de bloem roeren, langzaam de rest van de eiermelk met
1 el olie of gesmolten boter	toevoegen, opletten dat er geen klontjes ontstaan de stukken vis met een vork door het beslag halen, zwemmend in kokend
bakvet (olie, reuzel of kokosvet)	bruin en knapperig bakken, op keukenpapier uit laten lekken
baktijd:	ongeveer 10 minuten.
Erbij:	aardappelsalade.

Groene aal op tijm

1 schoongemaakte groene aal	in kleine stukken snijden, met
zout peper	bestrooien het rooster van een houtskoolgrill met
olie	bestrijken, met
takjes tijm	beleggen de stukken vis hierop leggen aan elke kant ongeveer 15 minuten grillen.
Erbij:	bruin stokbrood en een gemengde salade.

Gefrituurde groenten met zeevruchten

(Foto rechts)

6-8 jonge, dunne worteltjes 6-8 jonge, dunne peterseliewortels	van beide groenten het groen en de punt afsnijden, wortelen en peterseliewortelen schrappen, wassen, droogdeppen
2 venkelknollen (circa 500 g)	schoonmaken, wassen, in vieren snijden, droogdeppen
8 stengels peterselie	afspoelen, droogdeppen
4 grote ongekookte scampi	uit de schaal halen, onder de koude kraan afspoelen, droogdeppen
200 g schoongemaakte calamares (inktvis)	onder de koude kraan afspoelen, droogdeppen, in ringen snijden, met
citroensap	besprenkelen, ongeveer 15 minuten laten staan, droogdeppen
	voor het beslag
250 g bloem	in een kom zeven, in het midden een kuiltje maken, een deel van
2,5 dl licht bier	erin gieten, vanuit het midden het bier met een deel van de bloem vermengen, de rest van het bier en
1 ei	toevoegen, alles tot een glad beslag roeren, opletten dat er geen klontjes ontstaan, met
zout, peper	op smaak brengen
frituurvet	in een friteuse tot ongeveer 180 graden verhitten, groenten, peterselie en zeevruchten in het beslag dopen, in gedeelten in het frituurvet goudgeel bakken, op keukenpapier uit laten lekken, met zout bestrooien, met
partjes citroen	garneren, meteen serveren
frituurtijd voor de groenten:	10-12 minuten
frituurtijd voor de zeevruchten:	3-5 minuten.

Wild

Herteragoût

(Foto links)

600 g hertevlees (van de schouder, zonder been) in blokjes snijden
150 g doorregen spek in kleine dobbelsteentjes snijden
2 el braadboter smelten, het spek daarin uitbakken, het vlees daarin aan alle kanten goed aanbraden
4 middelgrote uien pellen en snipperen, meebakken het vlees met
zout
peper
10 jeneverbessen
5 pimentkorrels
1 kruidnagel
1 laurierblad
2 mespuntjes gedroogde tijm kruiden, een deel van
6 dl heet water toevoegen, het vlees gaar laten stoven, verdampt vocht af en toe vervangen, wanneer het vlees gaar is de rest van het water toevoegen
2 afgestreken el maizena door
4 el rode wijn roeren, de ragoût daarmee binden, met zout, peper
aalbessengelei op smaak brengen
stooftijd: ongeveer 2 uur.

Variatie: in plaats van hert kan ook reevlees worden genomen (stooftijd 1 1/2 tot 1 3/4 uur); de ragoût dan verfijnen met zure room en champignons.
Erbij: aardappelcroquetten of gekookte aardappelen, rode kool, appelmoes met cranberrycompote.

Hertesteak met cantharellen

(Foto rechts)

1 kleine ui pellen en snipperen
1 el boter smelten, de uisnippers daarin glazig bakken
ongeveer 200 g gekookte cantharellen uit laten lekken, aan de uien toevoegen, 3-5 minuten mee laten bakken, met
zout, peper op smaak brengen, warm houden
4 perzikhelften met
2 el cranberries (uit een pot) vullen, de perzikhelften op aluminiumfolie op het hete grillrooster leggen
boter smelten, over de vruchten gieten, onder de voorverwarmde grill schuiven, na het grillen warm houden
4 hertesteaks (circa 125 g per stuk) eventueel nog schoonmaken, wat platkloppen, een beetje in elkaar drukken, op het hete grillrooster leggen, onder de voorverwarmde grill schuiven, eerst aan de ene, dan aan de andere kant grillen, steeds na ongeveer 1 minuut met gesmolten boter bestrijken
4 geroosterde boterhammen met boter bestrijken, de hertesteaks daarop leggen, de paddestoelen erover verdelen
1/2 bosje peterselie wassen, droogdeppen, fijnhakken, het vlees daarmee bestrooien, met de perzikhelften garneren
grilltijd voor de perziken: 3-4 minuten
grilltijd voor de steaks: elke kant ongeveer 5 minuten.

Hertesteak met wijnsaus

(Foto onder)

400 g cantharellen	schoonmaken, afspoelen, uit laten lekken, grote paddestoelen halveren of in vieren snijden
3 el boter	smelten, de paddestoelen daarin in ongeveer 15 minuten gaar smoren, met
zout *peper*	bestrooien, warm houden
4 hertefilets (elk circa 150 g, 2 cm dik)	licht platkloppen
2 el braadboter	verhitten, het vlees daarin aan elke kant ongeveer 3 minuten bakken, met
zout, peper	bestrooien, het vlees uit de pan nemen, warm houden het braadvocht met
1,25 dl vleesbouillon	loskoken
1,25 dl droge rode wijn	toevoegen, het braadvocht tot ongeveer de helft laten inkoken
1 bekertje crème fraîche	met
1 el aalbessengelei	mengen, door de saus roeren, verhitten, met zout, peper op smaak brengen de hertesteaks met de cantharellen op een voorverwarmde schaal leggen, de saus erbij geven.
Erbij:	sperzieboontjes.

Hertesteak met artisjokken

(Foto rechts)

4 hertesteaks (van circa 100 g)	licht platkloppen, wat in elkaar drukken, in
2,5 dl rode wijn	leggen
8 jeneverbessen	toevoegen, ongeveer 1 uur laten intrekken, uit laten lekken, de marinade door een zeef gieten
250 g uien	pellen en snipperen
40 g kruidenboter	verhitten, de uisnippers daarin glazig bakken, ongeveer de helft van de marinade toevoegen, de uisnippers ongeveer 10 minuten laten stoven
1 potje (± 200 g) artisjokharten	uit laten lekken, aan het uimengsel toevoegen, ongeveer 3 minuten meeverhitten, warm houden 4 kant-en-klare bladerdeegpasteitjes volgens het voorschrift in de oven verwarmen, warm houden
60 g kruidenboter	verhitten, de hertesteaks daarin aan beide kanten bakken, op een voorverwarmde schaal leggen, warm houden het braadvocht met de rest van de rodewijnmarinade loskoken

4 el	
crème fraîche	erdoor roeren, met
zout, peper	op smaak brengen, het artisjokmengsel in de pasteibakjes scheppen, met de hertesteaks serveren
	de saus erbij geven

stooftijd voor de groenten:	ongeveer 15 minuten
baktijd voor de steaks:	elke kant 3-4 minuten.
Erbij:	gekookte aardappelen.

Reesteak met kersen

(Foto onder)

50 g spek	in kleine blokjes snijden
2 uien	pellen en snipperen
	het spek uitbakken, de uisnippers daarin glazig bakken
1 afgestreken el bloem	toevoegen, mengen
2,5 dl zure room	erdoor roeren, met een garde roeren, de saus aan de kook brengen, ongeveer 10 minuten laten koken, met
zout	op smaak brengen
4 reesteaks (elk 125 g, 2 cm dik)	licht platkloppen, wat in elkaar drukken
2 el braadboter	verhitten, de steaks aan beide kanten daarin bakken, af en toe met het braadvet begieten, met zout bestrooien, warm houden
4 witte boterhammen	in
wat boter	goudgeel bakken (eventueel het brood alleen roosteren), op een voorverwarmde schaal leggen, de steaks daarop leggen
6 jeneverbessen	kneuzen, over de steaks strooien
	het braadvocht met wat water loskoken, door de saus roeren, over het vlees verdelen
200 g verwarmde kersen (zonder pit)	met
1 el aalbessengelei	korte tijd verhitten, naar wens over de steaks verdelen
of	in
schijven sinaasappel	leggen, serveren
baktijd:	4-8 minuten.

Reesteak op ananas met béarnaisesaus

Voor de béarnaisesaus

100 g boter smelten, wat af laten koelen

1 kleine ui pellen, fijnsnipperen, met

gehakte dragon
gehakte basilicum
grofgemalen zwarte peper
1 tl wijnazijn
2 el witte wijn aan de kook brengen, ongeveer 5 minuten laten koken, wat af laten koelen, met

2 eierdooiers au bain-marie kloppen tot het mengsel dikachtig wordt, de wat afgekoelde boter erdoor kloppen met

zout
peper
suiker op smaak brengen, in heet water warm houden

4 schijven ananas (uit blik) uit laten lekken

600 g reerug (zonder been) schoonmaken, in ongeveer 3 cm dikke plakken snijden, licht platkloppen, aan beide kanten met

mosterd bestrijken

3 el olie verhitten, de steaks aan beide kanten daarin bruin bakken, beide kanten met zout, peper bestrooien, warm houden

wat boter smelten, de ananasschijven daarin goudbruin bakken, op een voorverwarmde schaal leggen, de steaks erop leggen, de béarnaisesaus erover gieten, met

basilicum garneren

bereidingstijd voor de saus: ongeveer 10 minuten

baktijd voor de steaks: ongeveer 12 minuten

baktijd voor de ananas: ongeveer 5 minuten.

Hongaarse reeschotel

(Foto rechts)

1 rode en
1 groene parika halveren, steel, zaad en zaadlijsten verwijderen, paprika's wassen, in reepjes snijden

2 uien pellen, halveren, in schijven snijden, in ringen delen

400 g reevlees (filet of van de rug) in fijne reepjes snijden

50 g boter verhitten, de vleesreepjes al omscheppend ongeveer 6 minuten daarin bakken, warm houden, de uischijven in het braadvet goudgeel bakken, de paprikareepjes toevoegen, kort meebakken, met

zout
peper
paprikapoeder op smaak brengen

2,5 dl vleesbouillon toevoegen, aan de kook brengen de groenten ongeveer 30 minuten laten koken

± 220 g rode bieten (uit een pot)
1 augurk uit laten lekken de ingrediënten in reepjes snijden, met de vleesreepjes aan het paprika-uimengsel toevoegen, aan de kook brengen, 5-10 minuten laten koken

1 tl maizena door
4 el zure room roeren het gerecht daarmee binden, met

1 el gehakte peterselie bestrooien

kooktijd: ongeveer 1 uur.

Erbij: peterselie-aardappelen.

Reemedaillons met bramensaus

	Voor de bramensaus
250 g bramen	schoonmaken, wassen, in weinig water korte tijd koken, door een fijne zeef wrijven door de bramenmoes
1 dl rode wijn (bourgogne) *1 el suiker* *1/2 tl mosterdzaad* *geraspte schil van 1/4 sinaasappel* *pimentpoeder*	roeren, verhitten (niet laten koken) de saus met
cognac	op smaak brengen, warm houden
8 reemedaillons (circa 70 g per stuk) *8 plakjes spek*	elk medaillon in een plakje spek wikkelen, met keukengaren vastbinden het vlees met
zout *peper*	bestrooien
braadboter	verhitten, de medaillons daarin aan elke kant ongeveer 2 minuten braden het keukengaren verwijderen de medaillons met
bramen *reepjes sinaasappelschil*	garneren, de saus erbij geven.

Reeragoût met honingzwam

500 g reevlees	in blokjes snijden
3-4 el reuzel	verhitten, het vlees daarin aan alle kanten aanbraden met
zout *peper*	bestrooien
1 ui	pellen en snipperen, toevoegen, meebakken
1 tl gehakte tijm *1 tl gehakte majoraan*	erdoor roeren
1 el bloem	over het vlees strooien, al roerend lichtgeel bakken
5 dl vleesbouillon (blokje)	toevoegen, goed roeren, het vlees met het deksel op de pan ongeveer 60 minuten laten sudderen
300 g honingzwammen	schoonmaken, wassen, met
wat zout	in
kokend water	leggen, een keer opkoken, in een zeef storten, even onder de koude kraan houden, uit laten lekken, aan het vlees toevoegen, ongeveer 25 minuten mee laten sudderen
1 el maizena	met
2-3 el rode wijn	vermengen, de saus daarmee binden eventueel met zout, peper op smaak brengen.
Erbij:	aardappelcroquetjes.

Reesteak met champignons

(Foto links)

250 g champignons	schoonmaken, wassen, in schijfjes snijden
40 g boter	verhitten, de champignons daarin gaar bakken, met
zout *peper*	bestrooien
gehakte peterselie	erdoor roeren, warm houden
4 reesteaks (125 g per stuk) *olijfolie*	wat in elkaar drukken, dun met bestrijken, op het hete grillrooster leggen, onder de voorverwarmde grill schuiven, eerst aan de ene, dan aan de andere kant grillen, de steaks na het grillen met zout en peper bestrooien, met de champignons serveren
baktijd voor de champignons:	ongeveer 8 minuten
grilltijd:	elke kant 4-5 minuten.
Erbij:	gebakken aardappelen.

Reesteak in geschaafde amandelen

(Foto boven)

4 reesteaks (150 g per stuk)	licht platkloppen, wat in elkaar drukken, met
zout nootmuskaat	bestrooien
	het vlees eerst door
2 el bloem	dan door
1 geklopt ei	daarna door
80 g geschaafde amandelen	wentelen (goed vastkloppen)
50 g boter	verhitten, het vlees aan beide kanten daarin braden (opletten dat de amandelen niet te donker worden), op een schaal leggen
	het aanbaksel met wat water loskoken, over de steaks verdelen
baktijd:	6-8 minuten.
Erbij:	aardappelcroquetten, schijven ananas met cranberries.

Reesteak met amandel

(Foto boven)

4 reesteaks, van ongeveer 125 g, 2 cm dik	met
zout	
nootmuskaat	bestrooien
40 g braadboter	verhitten, de steaks aan beide kanten daarin bakken, op een voorverwarmde schaal leggen, met
75 g geroosterde, gehakte amandelen	bestrooien
	de reesteaks warm houden
	het braadvet met

1 bekertje crème fraîche	loskoken, wat in laten koken tot de saus dik is, met zout,
peper	op smaak brengen
baktijd:	4-8 minuten.
Erbij:	aardappelcroquetten, schijven ananas en cranberrycompôte.

Wild-zwijnmedaillons in cranberry-rode-wijnsaus

(Foto onder)

8 wild-zwijnmedaillons	met
zout	
gekneusde jeneverbessen	
tijm	
majoraan	
rozemarijn	
salie	inwrijven
braadboter	verhitten de medaillons daarin aan beide kanten bakken uit de pan nemen op een voorverwarmde schaal leggen, warm houden
	voor de cranberry-rode-wijnsaus
3 uien	pellen en snipperen, in het braadvet kort bakken
2,5 dl rode wijn	toevoegen, even laten koken, door een zeef gieten
2 bekertjes crème fraîche	met
4 el cranberrycompôte	erdoor roeren, even opkoken, de saus met zout,
peper	
soeparoma	op smaak brengen eventueel wat saus over de medaillons gieten, de rest er apart bij geven
baktijd:	elke kant ongeveer 4 minuten.
Erbij:	sinaasappelfilets, aardappelcroquetten.

Wild-zwijnkoteletten op Italiaanse wijze

(Foto boven)

4 wild-zwijnkoteletten (circa 600 g)	met
zout, peper	
rozemarijn	
8 gekneusde jeneverbessen	inwrijven
2 el olijfolie	verhitten, het vlees daarin aan beide kanten braden (het vlees moet van binnen roze blijven), af laten koelen
2 uien	pellen, in schijven snijden, in het braadvet glazig bakken
250 g courgette	wassen, in schijfjes snijden, aan de uien toevoegen, meebakken
2 vleestomaten	met kokend water begieten, in koud water laten schrikken, ontvellen, de kroontjes wegsnijden, de tomaten in stukjes snijden, aan de groenten toevoegen, kort meebakken (de groenten moeten nog knapperig zijn), met
1 el gehakte verse basilicum	
mespuntje oregano	op smaak brengen, van het vuur nemen, met
zout, peper	
1-2 el wijnazijn	op smaak brengen
kooktijd:	6-7 minuten

de afgekoelde groenten op een schaal leggen, de koteletten daarop leggen, met

tomaatroosjes
kruiden garneren.

Erbij: knoflookbrood.

Boswachterspies met Cumberlandsaus

(Foto rechts)

Voor de Cumberlandsaus

de schil van 1 sinaasappel wassen, de witte binnenschil verwijderen, de oranje schil in zeer fijne reepjes snijden, met

3 el rode wijn vermengen, in een kleine pan 10 minuten koken, af laten koelen

250 g aalbessengelei
2 tl mosterd met een garde goed door elkaar roeren, de afgekoelde sinaasappelreepjes met de rode wijn toevoegen, de saus met

zout
citroensap
rode wijn op smaak brengen

voor de boswachterspies

500 g herterug (zonder been)
100 g doorregen spek
1 augurk

de ingrediënten in ongeveer 2 cm grote stukken snijden, afwisselend op een spies steken

4 el olijfolie in een braadpan verhitten, de vleesspiesen aan alle kanten daarin bakken, met zout,

gemalen peper bestrooien

de Cumberlandsaus erbij geven

kooktijd voor de saus: ongeveer 10 minuten

baktijd voor de spiesen: ongeveer 12 minuten.

Erbij: aardappelpuree of -croquetten, salade.

Gesmoorde konijnebouten

(Foto onder)

	Voor de marinade
2 laurierblaadjes	met
2 gekneusde teentjes knoflook	
1/4 tl tijm	
1/4 tl majoraan	
zout	
zwarte peper	
1 kruidnagel	
sap van 1 sinaasappel	
5 dl rode wijn	vermengen
1 kleine ui	pellen en snipperen, toevoegen
1 bosje soepgroente	wassen, kleinsnijden, aan de marinade toevoegen, van
4 konijnebouten (circa 200 g per stuk)	het vel en het vet verwijderen, in de marinade leggen, 6-8 uur laten staan, de bouten af en toe omdraaien uit laten lekken, met
zout	
majoraan	inwrijven
100 g doorregen spek	in kleine blokjes snijden, uitbakken, de konijnebouten daarin aanbraden
1 grote ui	pellen en snipperen
1 bosje soepgroente	schoonmaken, wassen, kleinsnijden beide ingrediënten aan het vlees toevoegen, de konijnebouten laten stoven, af en toe omdraaien, verdampt vocht met marinade aanvullen de gare konijnebouten op een voorverwarmde schaal leggen, warm houden het stoofvocht door een zeef gieten
1 tl tomatenpuree	toevoegen, goed roeren, het vocht wat in laten koken, met
1-2 el sinaasappellikeur	op smaak brengen, over de bouten gieten
stooftijd:	ongeveer 60 minuten.
Erbij:	aardappelcroquetten.

Warme wildpastei

200 g wild	
(ree, haas of hert)	met
60 g spek	door de fijne schijf van de vleesmolen draaien
1 ui	pellen en snipperen, met
2 el gehakte peterselie	
wat tijm	
2 el slagroom	
1 el port	door het vleesmengsel roeren, met
zout	op smaak brengen
12 plakjes bladerdeeg (diepvries)	bij kamertemperatuur laten ontdooien, het vleesmengsel over de 12 deegplakjes verdelen
1 eiwit	loskloppen, de vier deeghoeken hiermee bestrijken, daarna de hoeken over de vulling slaan en ze met een houten prikker vaststeken
1 eierdooier	loskloppen, de pasteitjes daarmee bestrijken, op een met koud water afgespoelde bakplaat leggen
oven op:	200-225 graden
baktijd:	ongeveer 15 minuten.
Erbij:	Cumberlandsaus of cranberrycompôte.

Haasbouten

(Foto boven)

4 haasbouten (circa 1,5 kg)	schoonmaken, ontvellen, met
zout, peper	
10 gekneusde jeneverbessen	inwrijven
50 g braadboter	verhitten, de bouten daarin aan alle kanten goed aanbraden
3 middelgrote uien	pellen en snipperen, met
1 laurierblad	
6 pimentkorrels	toevoegen, kort meeverhitten een deel van
5 dl heet water	erbij gieten, de bouten laten stoven, af en toe omdraaien, verdampt vocht af en toe door water vervangen, de gare bouten op een voorverwarmde schaal leggen, warm houden het stoofvocht door een zeef gieten, eventueel
wat maizena	door
wat koud water	roeren, het stoofvocht daarmee binden de saus met
zout, peper	op smaak brengen, over de bouten verdelen
stooftijd:	ongeveer 1½ uur (afhankelijk van de leeftijd van het dier).
Erbij:	rode kool, aardappelpuree.

Haasragoût met oesterzwammen

2 voor- en 2 achterpoten van	
1 jonge haas	schoonmaken, in kleine stukken hakken
50 g braadboter	in een zware pan verhitten, de vleesstukken daarin bruin bakken
1 ui	pellen, snipperen, aan het vlees toevoegen, wat mee laten bruinen
2 teentjes knoflook	pellen, grof snijden, met
zout	
8 zwarte peperkorrels	
1 tl tijm	in een vijzel stukwrijven, met
1 laurierblad	aan het vlees toevoegen
1 el bloem	erover strooien, erdoor roeren
2,5 dl rode wijn	
2,5 dl vleesbouillon	toevoegen het vlees in gesloten pan ongeveer 1½ uur laten stoven
300 g oesterzwammen	schoonmaken, afspoelen, uit laten lekken in dunne schijven snijden 15 minuten voordat het vlees gaar is de paddestoelen toevoegen, mee laten stoven, nogmaals met
zout	
peper	op smaak brengen
Erbij:	aardappelcroquetten.

Wildgoelasj met eekhoorntjesbrood

(Foto boven)

1 zakje (5 g) gedroogd eekhoorntjesbrood	in
water	volgens de aanwijzingen op de verpakking weken
1/2 kg wildvlees (ree, hert, wild zwijn)	in blokjes snijden
1 el olie	verhitten
60 g doorregen spek	in blokjes snijden, in de olie uitbakken, de vleesblokjes aan alle kanten daaarin bruin bakken
2 uien	
1 teentje knoflook	beide ingrediënten pellen, snipperen, aan het vlees toevoegen, meebakken, met
1/2 tl tijm	
zout, peper	op smaak brengen
2,5 dl vleesbouillon (blokje)	

2,5 dl donker bier — toevoegen
de paddestoelen afspoelen, toevoegen

1 bosje peterselie
1 laurierblad — toevoegen, de goelasj afgedekt laten sudderen

250 g champignons — schoonborstelen, halveren, ongeveer 15 minuten voor het gerecht gaar is toevoegen

250 g tomaten — met kokend water begieten, in koud water laten schrikken, ontvellen, de kroontjes wegsnijden, tomaten in vieren snijden
ongeveer 5 minuten voor alles gaar is toevoegen
laurierblad en de peterselie uit de goelasj verwijderen

2 el crème fraîche — erdoor roeren, even opkoken, met zout, peper op smaak brengen

stooftijd: ongeveer 75 minuten.

Erbij: aardappelpuree, groene salade.

Herteragoût met cantharellen

(Foto rechts)

600 g hertevlees (zonder been) — in blokjes snijden

150 g doorregen spek — in kleine dobbelsteentjes snijden

2 el braadboter — smelten, de spekblokjes daarin uitbakken, daarna het vlees aan alle kanten daarin aanbraden

4 uien — pellen en snipperen, meebakken
het vlees met

zout
versgemalen peper — op smaak brengen

10 jeneverbessen
5 pimentkorrels
1 kruidnagel
1 laurierblad
1 el gehakte tijmblaadjes — toevoegen
een deel van

5 dl heet water — toevoegen, het vlees ongeveer 2 uur stoven, verdampt vocht af en toe vervangen

300 g cantharellen — schoonmaken, afspoelen, uit laten lekken, aan het vlees toevoegen, ongeveer 15 minuten meestoven

3 afgestreken el maizena — door

4 el rode wijn — roeren, de ragoût daarmee binden, met zout, peper,

aalbessengelei — op smaak brengen.

Erbij: aardappelcroquetten, spruitjes.

Reegoelasj

500-700 g reevlees — in blokjes snijden, ongeveer 3 uur in koud water leggen zodat het vlees licht wordt (het water af en toe verversen), daarna het vlees uit laten lekken, wat droogdeppen

50 g spek — in dobbelsteentjes snijden

2 uien — pellen, snipperen

2 el olijfolie — verhitten, het vlees aan alle kanten goed daarin aanbraden
spek en ui toevoegen, meebakken

1 laurierblad
3 kruidnagels
5 gekneusde jeneverbessen — toevoegen

2,5 dl hete vleesbouillon
1,25 dl rode wijn — erbij gieten, het vlees gaar laten sudderen

50 g roggebrood — verkruimelen, in

1,25 dl rode wijn — weken, door de goelasj roeren
eventueel

1 tl maizena — door

1 el koud water — roeren, de goelasj daarmee binden

1-2 el aalbessengelei — erdoor roeren, de goelasj met

zout
peper
paprikapoeder — op smaak brengen

stooftijd: 60-90 minuten.

Erbij: aardappelpuree of pasta.

Herterug in room

	(Foto onder)
Circa 1,5 kg herterug	schoonmaken, met
zout	inwrijven, met
50 g zachte boter	bestrijken de helft van
100 g vet spek in plakjes	in een met water omgespoelde braadslee leggen, het vlees daarop leggen, de rest van het spek erover verdelen, de braadslee in de voorverwarmde oven zetten
6 jeneverbessen	kneuzen
2 uien	pellen, in vieren snijden zodra het braadvet bruin begint te worden jeneverbessen en uien toevoegen, meeverhitten een deel van
5 dl heet water	toevoegen, het vlees braden, af en toe omdraaien, met het braadvocht begieten, verdampt vocht regelmatig vervangen ongeveer halverwege de braadtijd
2,5 dl zure room	over het vlees gieten, meeverhitten wanneer de herterug gaar is het vlees van het been halen, het vlees in plakken snijden, op een voorverwarmde schaal leggen, warm houden
	voor de saus het aanbaksel met water loskoken (eventueel door een zeef gieten)
2 afgestreken el maizena	met
2 el koud water	vermengen, het braadvocht hiermee binden, de saus met zout,
suiker	
citroensap	op smaak brengen
oven op:	200-210 graden (de braadslee onder in de oven zetten)
baktijd:	75-90 minuten.
Erbij:	aardappelpuree.

Gelardeerde hertebout

(Foto boven, 4-6 personen)

2 kg hertebout
150 g vet spek in reepjes snijden, een tijdje in de koelkast zetten, daarna door
versgemalen peper wentelen, de hertebout daarmee larderen
het vlees met peper,
zout
salie inwrijven
100 g vet spek
in plakjes in een met water omgespoelde braadslee leggen, de hertebout daarop leggen
1 bosje
soepgroente schoonmaken, wassen, bij het vlees leggen, de braadslee in de voorverwarmde oven schuiven
zodra het braadvocht bruin begint te worden zoveel
heet water toevoegen als nodig is
oven op: 200-225 graden
baktijd: 2-2,5 uur (het vlees moet van binnen roze blijven)
de gare hertebout af laten koelen, in plakken snijden, op een schaal leggen, met
cranberries
(uit een pot)
eikebladsla of krulandijvie garneren.

Erbij: geroosterd brood, boter, Cumberlandsaus.

Tip: het vlees van jonge herten hoeft voor het braden niet gemarineerd te worden, het kan eventueel wel 2 dagen in melk worden gelegd of in een azijndoek worden gewikkeld.

Herterug

(Foto onder, ongeveer 6 personen)

1,5 kg herterug	met
zout	inwrijven, met
40 g zachte boter	bestrijken, met de helft van
100 g spek in plakjes	de met water omgespoelde braadslee bekleden, de herterug daarop leggen, met de rest van de spekplakjes bedekken, in de oven zetten, zodra het braadvocht bruin begint te worden wat
heet water	toevoegen, het vlees af en toe met het braadvocht begieten, verdampt vocht regelmatig aanvullen 10 minuten voor het einde van de braadtijd de herterug met
1,25 dl zure room	begieten het gare vlees van het been halen, in plakken snijden, weer op het beendergestel op een voorverwarmde schaal leggen, warm houden, het aanbaksel met water loskoken, eventueel
wat maizena	door
wat koud water	roeren, het braadvocht hiermee binden, de saus met zout op smaak brengen
oven op:	ongeveer 225 graden
baktijd:	75-90 minuten.
Erbij:	peerhelften met cranberrygelei, rode kool.

Reerug met sinaasappelsaus

(Foto rechts)

1 reerug (circa 1,5 kg)	eventueel vel verwijderen, met
zout	inwrijven, met
40 g zachte boter	bestrijken
100 g vet spek	in plakjes snijden, met de helft daarvan een met water omgespoelde braadslee bekleden, het vlees erop leggen en de andere speklapjes daarover verdelen, de braadslee in de voorverwarmde oven zetten zodra het braadvet bruin wordt
2 gekneusde jeneverbessen *1 gepelde, in vieren gesneden ui*	toevoegen, kort in het vet meeverhitten
wat heet water	erbij gieten, het vlees af en toe met het

	braadvocht begieten, verdampt vocht af en toe vervangen
oven op:	225-250 graden
baktijd:	35-50 minuten
	het gare vlees nog warm van het been losmaken, af laten koelen, in stukken snijden, weer op het beendergestel (eventueel met fijne leverworst bestrijken) leggen
6 peren	schillen, halveren, klokhuis verwijderen
2,5 dl witte wijn	met
een stukje pijpkaneel *suiker*	verhitten, de peerhelften daarin in ongeveer 5 minuten gaar koken (ze moeten heel blijven), in het kookvocht af laten koelen
1 pakje wit gelatinepoeder	door
3 el witte wijn	roeren, 10 minuten laten wellen, al roerend verwarmen tot de gelatine is opgelost
	de peren uit laten lekken, de gelatine door het perenkookvocht roeren, af laten koelen
	de reerug op een rooster op een bakblik leggen
	met
circa 200 g uitgelekte mandarijnpartjes *(uit blik)*	garneren
	zodra de gelatine dik begint te worden de snijvlakken van de peren en de reerug ermee bestrijken
	de reerug op een koele plaats zetten

	voor de sinaasappelsaus
1 el maizena	door
2,5 dl sap (mandarijn- en uitgeperst sinaasappelsap)	roeren, al roerend aan de kook brengen, af laten koelen
2-3 el cranberries (uit een pot)	door een zeef wrijven, door de sinaasappelsaus roeren
	met
geraspte sinaasappelschil *mosterd* *zout* *peper* *citroensap*	op smaak brengen
	de reerug op een grote schaal leggen, aan beide kanten wat
gehakte peterselie	strooien
	de peerhelften met
cranberries *peterselie*	vullen, rondom de reerug zetten, met garneren, met de sinaasappelsaus serveren.
Erbij:	stokbrood, veldsla.

Reerug met armagnac-pruimen

(Foto onder, ongeveer 6 personen)

50 g amandelen	korte tijd in kokend water leggen, laten schrikken, pellen, in de lengte halveren, zonder vet roosteren, apart zetten
500 g gedroogde pruimen (zonder pit)	in
water	aan de kook brengen, even opkoken, in een zeef doen, uit laten lekken, in een schaal leggen, met
1,25 dl armagnac	begieten, in laten trekken
2 kg reerug	schoonmaken, de onderste, kleine filets uit de reerug snijden, apart leggen de reerug met
zout	
peper	inwrijven
4 takjes tijm	onder de koude kraan afspoelen, droogdeppen, de blaadjes eraf trekken, over de reerug strooien, wat aandrukken met
100 g dunne plakjes vet spek	beleggen, de reerug op het rooster in een met water omgespoelde braadslee leggen
2 lente-uitjes	pellen, grof snijden, samen met
250 g kleingesneden wildbeenderen	rondom de reerug leggen, in de voorverwarmde oven zetten, braden
3,75 dl rode wijn	met
2,5 dl water	vermengen, zodra het braadvet bruin wordt wat van de vloeistof toevoegen, het vlees regelmatig met braadvocht begieten, verdampt braadvocht af en toe aanvullen
375 g kleine uien	pellen, in vieren snijden
15 g spek	zeer fijn snipperen, uitbakken de uien hierin glazig bakken de gare reerug uit de oven nemen, in aluminiumfolie wikkelen, laten rusten het braadvocht aan de kook brengen, even koken, door een zeef gieten, wat in laten koken de geweekte pruimen met de armagnac aan de saus toevoegen, met
zout	
peper	op smaak brengen
2 plakken vet spek	uitbakken, de twee bewaarde filets met zout, peper bestrooien, ongeveer 5 minuten in het spekvet bakken het vlees van de reerug losmaken, samen met de filets in plakken snijden, de reerug weer op het beendergestel leggen, op een voorverwarmde schaal leggen, de pruimen uit de saus scheppen, samen met de uien en de amandelen rondom de reerug leggen, de saus erbij geven
oven op:	200-225 graden
baktijd:	35-50 minuten.
Erbij:	walnootrijst

Reebout Hubertus

(Foto rechts, 2 personen)

	Van
circa 500 g reebout	vel verwijderen, met
zout	
gekneusde jeneverbessen	
tijm	
majoraan	
rozemarijn	
salie	inwrijven
1-2 uien	pellen en snipperen
1 el braadboter	verhitten, het vlees daarin aan alle kanten aanbraden, de uisnippers toevoegen de afgedekte braadpan op het rooster in de oven zetten het gare vlees uit de pan nemen, warm houden het braadvocht met
1 dl rode wijn	loskoken, door een zeef gieten
2 el cranberrycompôte	
1 bekertje crème fraîche	erdoor roeren, even opkoken, de saus met zout,
peper	op smaak brengen het vlees in plakken snijden, met de saus serveren
oven op:	175-200 graden
baktijd:	ongeveer 30 minuten.
Erbij:	aardappelcroquetten, gestoofde venkel.

Reebout in jeneverbes-roomsaus

(Foto onder)

1 kg reebout	met
rozemarijn	
salie	
lavas, zout	
piment	bestrooien
40 g braadboter	verhitten
1 bosje soepgroente	schoonmaken, wassen, kleinsnijden samen met het vlees in de boter krachtig aanbraden
75 g rookspek (in plakjes)	op het vlees leggen, wat van
5 dl vleesbouillon (blokje)	toevoegen, het vlees stoven, verdampt vocht af en toe aanvullen
2,5 dl witte wijn	verhitten
10-12 jeneverbessen	toevoegen, even laten trekken, aan het vlees toevoegen, laten stoven het gare vlees eruit nemen, op een voorverwarmde schaal leggen, warm houden
1,25 dl slagroom	met
1 el bloem	vermengen, de saus daarmee binden, met zout, kruiden op smaak brengen
4 appels	schillen, het klokhuis met een appelboor uitsteken, in
2,5 dl witte wijn	aan de kook brengen, gaar koken de appels met
4 el cranberries (uit een pot)	vullen, naast het vlees zetten, de saus over het vlees gieten
stooftijd:	ongeveer $1^{3}/_{4}$ uur.

Reebout, klassiek

(Foto blz. 68/69, ongeveer 6 personen)

	Van
2-3 kg reebout	vel verwijderen, de bout in een grote schaal leggen, met zoveel
karnemelk	begieten dat het vlees bedekt is, ongeveer 2 dagen op een koele plaats zetten, de bout af en toe omdraaien, droogdeppen, met
zout	
grofgemalen peper	inwrijven
3 el braadboter	verhitten, de braadpan met deksel in de voorverwarmde oven zetten, zodra het braadvet bruin wordt
wat heet water	toevoegen, het vlees af en toe met braadvocht begieten, verdampt vocht door
rode wijn	vervangen het gare vlees in plakken snijden, warm houden, het braadvocht met
1,25 dl slagroom	loskoken, met zout, peper op smaak brengen
2-3 el cognac	erdoor roeren, bij het vlees geven
oven op:	200-225 graden
baktijd:	2-2,5 uur.
Erbij:	aardappelpuree, zure linzen.

Wild-zwijnebout

(Foto boven)

1,5 kg wild-zwijnevlees (zonder been)	met
zout	
peper	inwrijven, het vet (als het eraan zit) roostervormig insnijden, het vlees met de vetlaag omhoog op het rooster in een met
1 el braadboter	ingevette braadslee leggen, met
100 g spekplakjes	beleggen, in de oven zetten, zodra het braadvet bruin wordt een deel van
2,5 dl rode wijn	toevoegen, het vlees af en toe met braadvocht begieten, verdampt vocht regelmatig vervangen
1 middelgrote ui	pellen, snipperen
1 bosje soepgroente	schoonmaken, wassen, kleinsnijden beide ingrediënten met
1 laurierblad	
10 gekneusde jeneverbessen	
20 peperkorrels	
5 pimentkorrels	30 minuten voor het einde van de braadtijd toevoegen, mee laten bakken, het zich eventueel verzamelende vet afscheppen het gare vlees in plakken snijden, op een voorverwarmde schaal leggen, warm houden het aanbaksel met water loskoken, door een zeef gieten
2 el aalbessengelei	
3 el zure room	toevoegen, eventueel
wat maizena	met
koud water	
3 el zure room	vermengen, het aangevulde braadvocht hiermee binden, de saus met zout, peper op smaak brengen
oven op:	200-225 graden
baktijd:	2-2,5 uur (afhankelijk van de leeftijd van het dier).
Erbij:	aardappelpureeballetjes, spruitjes.

Wild-zwijnerug

(Foto onder, ongeveer 6 personen)

	Van
2 kg wild-zwijnerug met filets	de vetlaag wegsnijden de kleinere rugfilets onder de ribbenboog en de grotere filets langs de wervelkolom voorzichtig van het been lossnijden met
150 g magere yoghurt	bestrijken, afgedekt ongeveer 24 uur laten intrekken de beenderen in stukken hakken, met het afgesneden vet in een braadslee leggen
100 g peterseliewortelen *100 g knolselderij*	de groenten schoonmaken, wassen, grof snijden, met
10 gekneusde jeneverbessen	in de braadslee leggen, in de voorverwarmde oven zetten, ongeveer 30 minuten bakken, in een pan leggen met
3,75 dl rode wijn *5 dl water*	aanvullen, ongeveer 30 minuten koken, door een zeef gieten, ontvetten
2,5 dl slagroom	toevoegen, crèmig in laten koken, met
zout, peper *1 tl sherry-azijn*	op smaak brengen
50 g braadboter	verhitten, de yoghurt van de filets schrapen, de filets droogdeppen, met
zout	bestrooien, de beide rugfilets aan alle kanten in ongeveer 10 minuten in de boter bruin braden, eruit nemen, in aluminiumfolie wikkelen de kleinere filets ongeveer 3-4 minuten in de boter braden, ook in aluminiumfolie wikkelen, de filets ongeveer 10 minuten laten rusten zodat de vleessappen afgescheiden kunnen worden, daarna in 1 cm dikke plakken snijden, op een voorverwarmde schaal leggen de saus erbij geven
kooktijd voor de saus:	ongeveer 60 minuten
oven op:	ongeveer 225 graden
baktijd rugfilets:	25-30 minuten
de kleine filets:	ongeveer 15 minuten.
Erbij:	gekarameliseerde sjalotten, savooiekool met hazelnootboter, aardappelcroquetten.

Wild zwijn op zuurkool

(Foto rechts)

1/2 kg wild zwijn (schoudervlees, zonder been)	
1 el boter	verhitten, het vlees aan alle kanten aanbraden, met
1/2 tl zout *1/2 tl peper* *2 gekneusde jeneverbessen*	inwrijven, in een ovenschaal leggen
1 el reuzel	aan het braadvet toevoegen
750 g zuurkool	toevoegen, een paar minuten stoven
1 zurige appel	schillen, raspen, door de zuurkool scheppen
1 laurierblad	toevoegen, aan het vlees toevoegen
2,5 dl witte wijn	toevoegen, afgedekt in de voorverwarmde oven zetten, stoven
4 plakken doorregen spek (elk circa 30 g) *4 grove braadworsten*	knapperig bruin bakken, na ongeveer 1 uur stooftijd het spek en de worsten op de zuurkool leggen, mee laten stoven het gare vlees uit de pan nemen, in plakken snijden, warm houden de zuurkool eventueel met
zout *peper* *suiker*	op smaak brengen, het vlees op de zuurkool serveren
stooftijd:	75 minuten.
Erbij:	aardappelen.

Wild-zwijnerug, exotisch

(Foto links)

750 g wild-zwijnevlees (van de rug, ontbeend)	met
1 tl grof-gemalen zwarte peper	
2 el goede olie (walnote-, druivepit-, olijfolie)	inwrijven, van
4 laurierblaadjes	er 2 in een pan leggen, het vlees erop leggen, de andere 2 blaadjes erop leggen het vlees afgedekt met aluminiumfolie 24 uur op een koele plaats laten rusten laurierblaadjes verwijderen, het vlees met
zout	inwrijven, in de voorverwarmde oven zetten, braden het gare vlees in aluminiumfolie wikkelen, nog ongeveer 10 minuten in de uitgeschakelde oven laten staan het aanbaksel met
2,5 dl water	loskoken, apart zetten van
1 verse ananas (circa 1,5 kg)	kroon en steel afsnijden, het vruchtvlees in dunne schijven snijden, schillen, de harde kern wegsnijden
1-2 el boter	verhitten, de ananasschijven daarin afgedekt laten smoren, na ongeveer 5 minuten de schijven uit de pan nemen, warm houden, het losgekookte braadvocht bij het ananasvocht gieten
100 g crème fraîche	erdoor roeren, crèmig laten inkoken
3 el rozebotteljam	toevoegen, met zout,
peper	
azijn	op smaak brengen het vlees in dunne plakken snijden, afwisselend met de ananasschijven op een voorverwarmde schaal leggen, de saus erbij geven
oven op:	ongeveer 225 graden
baktijd:	ongeveer 45 minuten
kooktijd voor de ananas:	ongeveer 5 minuten.
Erbij:	in boter gebakken champignons, broccoli, sperziebonen, lintmacaroni.
Tip:	vlees dat uit de diepvries komt, hoeft niet een nacht in olie en peper te marineren, 2 uur is dan voldoende.

Wild-zwijngebraad

(Foto onder, ongeveer 6 personen)

1,5 kg jong wild-zwijnevlees (rug)	met
zout	inwrijven, het spek roostervormig insnijden, het vlees met de speklaag omhoog in een met
boter	ingevette, met water omgespoelde braadslee leggen, in de oven zetten zodra het braadvet bruin wordt, een deel van
2,5 dl water	
2,5 dl rode wijn	toevoegen, het vlees af en toe met braadvocht begieten, verdampt braadvocht af en toe vervangen
1 ui	pellen, 15 minuten voor het einde van de braadtijd in de braadslee leggen, het zich verzamelende vet eventueel afscheppen het gare vlees van het been losmaken, in plakken snijden (eventueel weer op het beendergestel leggen), op een voorverwarmde schaal leggen, warm houden het aanbaksel met de rest van het water loskoken de rest van de rode wijn,
1 el aalbessengelei	
3 el zure room	toevoegen, door een zeef gieten, eventueel
wat bloem	door
2 el zure room	
wat koud water	roeren, het braadvocht hiermee binden, de saus met zout op smaak brengen
oven op:	200-225 graden
baktijd:	ongeveer 2 uur.

Hazerug met kersen

(Foto rechts, in römertopf)

Circa 500 g kersen (uit een pot)	uit laten lekken, het sap opvangen, 1,25 dl daarvan bewaren, de kersen in de geweekte römertopf leggen (een paar achterhouden)
	het kersesap met
1,25 dl rode wijn	
zout	vermengen, over de kersen gieten
1 hazerug (600-700 g)	eventueel vel verwijderen, met zout inwrijven, met
peper	bestrooien, op de kersen leggen, het deksel erop leggen, in de oven zetten
	de gare hazerug met de bewaarde kersen en
peterselie	garneren, het braadvocht met
water	tot 2,5 dl aanvullen, aan de kook brengen
2 tl maizena	door
1 el water	roeren, het braadvocht daarmee binden, om de hazerug heen schenken
oven op:	200-225 graden
baktijd:	ongeveer 1 uur.

Patrijs in roomlinzen

300 g linzen	wassen, 12-24 uur laten weken, uit laten lekken
500 g groenten (2 wortelen, 2 stengels prei, 2 uien, 1/4 selderijknol)	schoonmaken, wassen, in fijne reepjes snijden
50 g boter	in een pan smelten, de groenten daarin bakken, de linzen toevoegen
2 l vleesbouillon	toevoegen, aan de kook brengen
4 schoongemaakte patrijzen (± 250 g per stuk)	van binnen en buiten met
zout	inwrijven
1 ui	pellen, met
2 kruidnagels	besteken, met de patrijzen in de bouillon leggen, aan de kook brengen
	het gerecht met deksel erop in de oven gaar stoven
	het gare patrijsvlees van de botten halen, in stukjes snijden
100 g mager spek	in blokjes snijden, uitbakken, met de stukjes vlees en
2,5 dl zure room	aan de linzen toevoegen
	het gerecht nog even verhitten, met zout,
port	op smaak brengen
oven op:	200-225 graden
baktijd:	ongeveer 60 minuten.

Konijn in mosterd-dragonsaus

(Foto rechts)

	Van
1 schoongemaakt konijn (± 2,5 kg, rug en bouten)	vel en vet verwijderen, de bouten van de rug losmaken, de rug in 3-4 stukke snijden
1 bosje dragon	wassen, fijnhakken, met
100 g mosterd	vermengen
50 g boter	in de braadslee verhitten
	de vleesstukken met
zout, peper	inwrijven, met de helft van de moster aan alle kanten bestrijken, in de braadslee leggen, in de oven zetten, na ongeveer 30 minuten braadtijd
2 dl witte wijn	
2 dl vleesbouillon	

(blokje)	toevoegen, het vlees gaar stoven
500 g sperziebonen bonekruid	wassen, afhalen, de boontjes met in
1,25 dl kokend gezouten water	leggen, aan de kook brengen, ongeveer 3 minuten koken, met zout, peper op smaak brengen steeds 7-10 boontjes in een van
8-10 dunne plakjes doorregen spek	wikkelen, ongeveer 30 minuten voor het vlees gaar is in de braadslee leggen het gare vlees met de boontjes uit de pan nemen, op een voorverwarmde schaal leggen, warm houden het braadvocht door een zeef gieten, tot ongeveer de helft laten inkoken de rest van de mosterd met
1 tl suiker 1-2 bekertjes crème fraîche	vermengen, door het braadvocht roeren de saus met
worcestersaus	op smaak brengen een deel van de saus over het vlees gieten, de rest erbij geven
oven op:	200-225 graden
baktijd:	75 minuten.
Erbij:	aardappelcroquetten.

Hazerug in room

(Foto onder)

	Van
1 hazerug (circa 600 g)	huid verwijderen, de filets eruit snijden, de hazerug met
zout peper nootmuskaat	inwrijven met
1-2 el zachte boter	bestrijken de helft van
75 g vet spek in plakjes	in een met water omgespoelde braadslee leggen, de hazerug erop leggen, met de rest van de spekplakjes bedekken de braadslee in de voorverwarmde oven zetten zodra het braadvet bruin begint te worden, de huid,
2 gekneusde jeneverbessen 2 gepelde, in vieren gesneden uien	toevoegen, kort in het vet verhitten, een deel van
1,25-2,5 dl heet water	toevoegen, het vlees af en toe met het braadvocht begieten, verdampt vocht tot 2,5 dl vervangen 5 minuten voor het eind van de braadtijd de filets erbij leggen het gare vlees op een voorverwarmde schaal leggen
	voor de saus het braadnat in een kleine pan doen, met
2 bekertjes zure room	vermengen, eventueel nog wat water toevoegen, aan de kook brengen door
1 el maizena 2 el koud water	roeren, het braadvocht daarmee binden, de saus met zout, nootmuskaat,
suiker citroensap witte wijn	op smaak brengen
oven op:	225-250 graden (de braadslee op de onderste richel zetten)
baktijd:	ongeveer 25 minuten.
Erbij:	aardappelballetjes of aardappelpuree, cranberrycompôte.

Haas, gebraden

(Foto rechts)

	Van
1 schoongemaakte haas (2 kg, rug en bouten)	eventuele huid en vet wegsnijden de bouten van de rug lossnijden, met
zout peper rozemarijn	inwrijven, met
50 g zachte boter	bestrijken, de helft van
125 g plakjes vet spek	in een met water omgespoelde braadslee leggen, daarop de bouten leggen, met spekplakjes bedekken, een paar voor de rug bewaren
1 middelgrote ui	pellen
1 middelgrote wortel	schoonmaken, schrappen, wassen beide ingrediënten kleinsnijden, met
1 laurierblad 10 gekneusde jeneverbessen 5 pimentkorrels	toevoegen, in de oven zetten de rug pas na 15 minuten braadtijd erbij leggen zodra het braadvet bruin begint te worden wat
heet water	toevoegen, het vlees regelmatig met braadvocht begieten, verdampt vocht met water aanvullen
1 bekertje zure room	met
5 el koffiemelk	vermengen 10 minuten voor het einde van de braadtijd de haas daarmee begieten het gare vlees op een voorverwarmde

	schaal leggen, warm houden
	het aanbaksel met water loskoken, door een zeef gieten, eventueel met wat in water opgeloste
maizena	binden
	de saus met zout, peper op smaak brengen

oven op:	200-225 graden
baktijd:	ongeveer 90 minuten (afhankelijk van de leeftijd van het dier).

Haas in tomatensaus

(Foto rechts)

1 schoongemaakte haas (± 2 kg, rug en bouten)	(eventueel huid en vet verwijderen) in porties snijden
2,5 dl rode-wijnazijn	
2,5 dl water	mengen
1 teentje knoflook	pellen en snipperen
1/2 knolselderij	schillen, wassen, raspen beide ingrediënten samen met
1 el tijm	
zout	
peper	aan het azijnmengsel toevoegen, goed mengen, de vleesstukken erin leggen, ongeveer 24 uur op een koele plaats zetten, af en toe omdraaien, het vlees eruit nemen, droogdeppen, door
bloem	wentelen
100 g braadboter	verhitten, de vleestukken goed daarin aanbraden een deel van
5 dl witte wijn	toevoegen, het vlees af en toe met het braadvocht begieten, verdampt braadvocht door wijn vervangen het gare vlees eruit nemen, warm houden het aanbaksel met de rest van de wijn loskoken
6 el tomatenpuree	erdoor roeren, wat in laten koken
5 el olijfolie	
100 g doorregen spek	in blokjes snijden, in de olijfolie bruin bakken, aan de saus toevoegen
1/4 tl fijngewreven laurierblad	
1 teentje knoflook	pellen en snipperen beide ingrediënten aan de saus toevoegen, met zout, peper,
4 el cognac	op smaak brengen, over het vlees gieten
stooftijd:	ongeveer 90 minuten (afhankelijk van de leeftijd van het dier).
Erbij:	aardappelen of rijst.

Reerug met banaan

1-1,5 kg reerug	(eventueel huid nog verwijderen) met
zout	inwrijven, met
40 g zachte boter	bestrijken, de helft van
125 g plakjes vet spek	in een met water omgespoelde

	braadslee leggen, de reerug daarop leggen, met de rest van de plakjes spek beleggen (het is goed aan beide einden van de reerug een houten prikker in het vlees te steken, zodat de einden bij het braden niet omhoog buigen), de braadslee in de oven zetten
	zodra het braadvet bruin wordt een deel van
5 dl heet water	erbij gieten, het vlees braden, af en toe met braadvocht begieten
	verdampt vocht regelmatig vervangen
soepgroente (wortel, prei, selderij)	schoonmaken, wassen, kleinsnijden
1 ui	pellen, in vieren snijden
	na ongeveer 20 minuten braadtijd de soepgroenten, de ui,
1 laurierblad	
2 kruidnagels	
2 gekneusde jeneverbessen	toevoegen, de reerug nog 20 minuten braden, het vlees mag niet doorbakken zijn, het moet bij het snijden nog iets roze zijn
	het gare vlees van het been halen
	het vlees in plakken snijden (eventueel weer op het beendergestel leggen), op een voorverwarmde schaal leggen, warm houden
	het braadvocht met
1-2 bekertjes zure room	loskoken, door een zeef gieten, aan de kook brengen, eventueel binden met een mengsel van
1 el maizena	en
2 el koude melk	
	de saus met zout,
suiker	
citroensap	
1-2 el droge witte wijn	
1 el aalbessengelei	op smaak brengen
	naar wens
1 el uitgebakken spekblokjes	door de saus roeren
4 bananen	schillen, in de lengte doorsnijden
40 g boter	smelten, de banaanhelften daarin goudbruin bakken, met zout bestrooien, met de reerug serveren
	de saus er apart bij geven
oven op:	220-230 graden (de braadslee op de onderste richel zetten)
baktijd:	35-50 minuten (afhankelijk van de grootte van de reerug).
Erbij:	spaghetti, eikeblad- of andijviesla, cranberries.

Fazant

	(Foto onder, 2 personen)
1 schoongemaakte fazant	van binnen en buiten met
zout	inwrijven
maag, hart, lever	wassen, droogdeppen, fijnhakken, met zout bestrooien, in de fazant leggen, dichtnaaien de fazant met
50 g spekplakjes	omwikkelen
2 el boter	verhitten, de fazant aan alle kanten daarin aanbraden, de schaal op het rooster in de oven zetten zodra het braadvet bruin wordt, wat
heet water	toevoegen, de fazant af en toe met braadvocht begieten, verdampt vocht regelmatig door heet water vervangen 10 minuten voor het einde van de braadtijd
1 bekertje zure room	toevoegen de gare fazant op een voorverwarmde schaal leggen (draad verwijderen, vulling eruit halen), warm houden het aanbaksel met water loskoken, eventueel binden met
wat maizena	gemengd met
koud water	
	de saus met zout,
citroensap	op smaak brengen
oven op:	225-250 graden
baktijd:	45-60 minuten.

Fazant in gelei

(Foto rechtsonder)

1 schoongemaakte fazant (circa 1 kg)	
	voor de vulling
4 el ananasstukjes (uit blik)	goed uit laten lekken
1 banaan	schillen beide ingrediënten fijnhakken, met
1 el citroensap *2 el kokosrasp*	vermengen, met
gemberpoeder	op smaak brengen de fazant met dit mengsel vullen, de opening met een houten prikker dichtsteken of met draad dichtnaaien, de fazant met gemberpoeder,
zout, peper	inwrijven, met
40 g spekplakjes	omwikkelen, met een draad vastbinden
30 g braadboter	verhitten, de fazant aan alle kanten daarin goed aanbraden
1 ui	pellen
1 wortel	schoonmaken, schrappen, wassen beide groenten kleinsnijden, met
1 kruidnagel *3 pimentkorrels* *3 peperkorrels*	aan de fazant toevoegen, korte tijd meebakken, de schaal dan afgedekt op het rooster in de voorverwarmde oven zetten, zodra het braadvet bruin wordt een deel van
2,5 dl vleesbouillon (blokje)	toevoegen, verdampt vocht regelmatig vervangen kort voor het einde van de stooftijd de fazant met
4 el ananassap	begieten de gare fazant af laten koelen, prikkers of draad en het spek verwijderen
	voor de gelei het aanbaksel met de rest van de bouillon loskoken, door een zeef gieten, af laten koelen, ontvetten
1,5 tl wit gelatinepoeder	door
3 el madeira	roeren, 10 minuten laten wellen, het braadvocht met water tot 2,5 dl aanvullen, aan de kook brengen, met
zout, peper *gemberpoeder*	op smaak brengen, van het vuur nemen, de gelatine toevoegen, roeren tot het is opgelost, af laten koelen, de fazant daarmee bestrijken dit herhalen tot de fazant volledig met gelei is bedekt de rest van de gelatine-oplossing stijf laten worden, in blokjes snijden de fazanteborst met
geroosterde amandelen	garneren, de fazant papieren manchetjes aandoen, op een schaal leggen, met de geleiblokjes,
schijfjes banaan *schijfjes sinaasappel* *kersen*	garneren
oven op:	175-200 graden
baktijd:	45-60 minuten.

Fazant op koolbed

(Foto onder, ongeveer 6 personen)

750 g kleine aardappelen	wassen, in
water met zout	aan de kook brengen, gaar laten koken, de aardappelen pellen, apart zetten van
1,5 kg witte kool	de lelijke buitenste bladeren verwijderen, de kool in achten snijden, de stronk wegsnijden, de kool wassen, in fijne reepjes snijden
250 g uien	pellen
1 ui met 1 laurierblad 2 kruidnagels	besteken, de rest van de uien snipperen
1 schoongemaakte fazant (3/4-1 kg)	in stukken delen
250 g worteltjes	schoonmaken, schrappen, wassen
100 g ganzevet	verhitten, de uisnippers daarin glazig bakken
250 g doorregen spek (aan een stuk)	en de stukken fazant toevoegen, aanbraden, de witte kool en de worteltjes toevoegen, meestoven de bestoken ui,
1,25 dl vleesbouillon (blokje) 1 bosje gewassen tijm	toevoegen, gaar stoven eventueel nog wat bouillon toevoegen
2 schoongemaakte fazanten (elk 3/4-1 kg)	van binnen en buiten met
zout	
peper	op smaak brengen met
100 g spek in plakjes	beleggen, in een met water omgespoelde braadslee leggen, in de voorverwarmde oven zetten, braden de gepelde aardappelen ongeveer 20 minuten voor het einde van de braadtijd toevoegen, in het braadvet goudbruin laten bakken
circa 800 g braadworst	ongeveer 15 minuten voor het einde van de oventijd op de kool leggen, meeverhitten de gare kool en de wortelen op een grote schaal leggen het spek en de worst in schijven snijden, met de stukken fazant bij de kool leggen, de beide gebraden fazanten op het koolbed leggen de aardappelen erbij geven
stooftijd voor de kool:	ongeveer 45 minuten
oven op:	225-250 graden
baktijd:	45-60 minuten.

Fazant met amandelvulling

(Foto rechts)

1 schoongemaakte fazant (circa 1 kg)	
	voor de vulling
2 el boter	schuimig roeren
1 eierdooier	met
3 afgestreken el paneermeel 2 el gepelde gehakte amandelen 2-3 el slagroom	erdoor roeren, met
zout	
nootmuskaat	op smaak brengen
1 eiwit	stijfkloppen, erdoor scheppen de fazant met het mengsel vullen, dichtnaaien van buiten met zout,
peper dragon	bestrooien, in een paar
plakjes spek	wikkelen
2 el braadboter	verhitten, de fazant aan alle kanten daarin aanbraden
50 g sjalotjes	pellen met een deel van
5 dl vleesbouillon (blokje)	aan het vlees toevoegen, laten stoven verdampt braadvocht af en toe vervangen de gare fazant in porties en de vulling

in plakken snijden, het vlees en de vulling op een voorverwarmde schaal leggen, met aluminiumfolie afdekken, warm houden

voor de saus
het stoofvocht eventueel met wat water aanvullen

1,25 dl slagroom	toevoegen, aan de kook brengen
1-2 afgestreken el maizena	door
1-2 el koud water	roeren, het stoofvocht hiermee binden, de saus met zout, peper op smaak brengen
stooftijd:	65-70 minuten.
Erbij:	aardappelpuree, spruitjes of broccoli met amandelboter.

Gevogelte

Kalkoenbout in bourgogne

(Foto blz. 108/109)

1 grote schoongemaakte kalkoenbout (circa 1 kg)	met
zout peper knoflookpoeder paprikapoeder	inwrijven
4-5 el olie	verhitten, de bout daarin aanbraden
1 grote ui	pellen, snipperen, in het vet leggen, kort meefruiten
2,5 dl vleesbouillon (blokje)	toevoegen, de kalkoenbout stoven
200 g gekookte ham	in reepjes snijden
200 g champignons (uit blik)	uit laten lekken, in vieren snijden de beide ingrediënten samen met
1,25 dl rode wijn	aan het vlees toevoegen gaar laten stoven op een voorverwarmde schaal leggen, warm houden
2-3 afgestreken el maizena	door
1,25 dl rode wijn	roeren, de saus daarmee binden
2-3 el zure room	erdoor roeren, de saus over de kalkoenbout schenken, met
1 el gehakte tuinkruiden	bestrooien
stooftijd:	ongeveer 90 minuten.

Kalkoen-cordon-bleu

(Foto onder)

4 kalkoenschnitzels (elk 200 g)	in de lengte insnijden zodat een zakje ontstaat, van binnen met
zout versgemalen peper	inwrijven
4 plakken rauwe ham 4 plakken Goudse kaas	
	de schnitzels met een plak ham en een plak kaas vullen, met prikkers of draad dichtmaken, met zout, peper bestrooien
1 ei	loskloppen, het vlees eerst door ei, dan door
bloem	daarna door
paneermeel	halen
40 g boter	verhitten, het vlees daarin aanbraden, gaar bakken, elke cordon-bleu met een
schijfje citroen	serveren
baktijd:	ongeveer 15 minuten.
Erbij:	aardappelcroquetten.

Gevulde kalkoenborst (in braadfolie)

(Foto rechts, 6-8 personen)

	Voor de vulling
4 boterhammen	zonder korst in kleine blokjes snijden, met
1,5 dl hete melk	begieten
1-2 uien	pellen en snipperen
100 g doorregen spek	in dobbelsteentjes snijden, uitbakken, de uien daarin fruiten, af laten koelen, met de broodblokjes,
2 eieren	
2 el doperwtjes (vers of diepvries)	
1 el gehakte peterselie	tot een smeuïge massa mengen, eventueel wat
paneermeel	toevoegen de vulling met
zout	
versgemalen peper	
nootmuskaat	
majoraan	
basilicum	op smaak brengen
1 kalkoenborst (circa 2 kg)	van de dikkere kant tot aan de punt insnijden zodat een zakje ontstaat, de vulling hierin doen de kalkoenborst met keukengaren dichtnaaien of met houten prikkers dichtsteken, het vlees met zout, peper inwrijven op een groot stuk braadfolie leggen
wat boter	in klontjes over het vlees verdelen, de braadfolie sluiten, op het rooster in het midden van de voorverwarmde oven leggen het gare vlees in plakken snijden, op een voorverwarmde schaal leggen het braadvocht eventueel met water aanvullen, aan de kook brengen
1 bekertje crème fraîche	erdoor roeren, de saus met zout, peper op smaak brengen
oven op:	ongeveer 200 graden
baktijd:	ongeveer 90 minuten.
Erbij:	spruitjes met kastanjes, hertoginne-aardappelen.

Kalkoenbout in pikante saus

(Foto boven)

2 kalkoenpoten	met
zout	
peper	inwrijven
4 el olie	verhitten, de kalkoenpoten daarin aan alle kanten aanbraden
2 uien	
1 teentje knoflook	beide pellen en snipperen, aan het vlees toevoegen, meefruiten
1,25 dl hete vleesbouillon (blokje)	
1,25 dl licht bier	toevoegen
2 kruidnagels	
1/2 pijpje kaneel	
mespuntje cayennepeper	toevoegen
2 el tomatenpuree	erdoor roeren, aan de kook brengen, afgedekt laten stoven, de kalkoenpoten af en toe omdraaien, verdampt vocht regelmatig door
2,5 dl licht bier	vervangen
50 g rozijnen	uitzoeken, na ongeveer 30 minuten stooftijd aan het gerecht toevoegen
1 appel	schillen, klokhuis wegsnijden, de appel raspen, ongeveer 10 minuten voor het gerecht gaar is toevoegen
	de gare kalkoenpoten op een voorverwarmde schaal leggen, warm houden
	eventueel
1-2 tl maizena	door
wat koud water	roeren, de saus daarmee binden, met
zout	
peper	
suiker	
cayennepeper	zoetzuur op smaak brengen
stooftijd:	ongeveer 75 minuten.
Erbij:	rijst, witlof- of veldsla met sinaasappelschijfjes en uiringen.

Kalkoenbout met bieslooksaus

(Foto onder)

1 kalkoenbout (met been, circa 1 kg)
± 1,5 l water met
wat zout aan de kook brengen
1 bosje peterselie wassen, met de kalkoenbout en
6 peperkorrels in het water leggen, aan de kook brengen
300 g worteltjes schoonmaken, schrappen, wassen, in de lengte in vieren snijden, met een kartelmes in ongeveer 3 cm lange stukken snijden
de groente na ongeveer 50 minuten kooktijd aan het vlees toevoegen, mee laten koken
2 middelgrote preistengels schoonmaken, doorsnijden, goed wassen, in 4 cm lange stukken snijden
1 bloemkool (circa 500 g) in roosjes snijden, goed wassen, de groenten ongeveer 15 minuten voor het einde van de kooktijd toevoegen, gaar laten koken, in de bouillon af laten koelen

voor de saus
2 hardgekookte eieren pellen, door een zeef wrijven, met
2 tl scherpe mosterd vermengen
circa 1,25 dl slaolie langzaam erdoor roeren (de saus moet dik zijn)
met
azijn, zout, peper op smaak brengen
50 g fijngesneden bieslook door de saus roeren
het vlees en de groenten uit de bouillon nemen, goed uit laten lekken
de groenten op een schaal leggen, de saus erover verdelen, het vlees in plakken snijden, op de groente serveren, met
bieslook garneren

Erbij: stokbrood.

Kalkoenpoten in roomsaus

(Foto rechts)

2 kalkoen-poten	met
zout	
peper	inwrijven
50 g spek	in dobbelsteentjes snijden, in
3 el olie	uitbakken, de kalkoenpoten aan alle kanten daarin aanbraden
1 ui	pellen en snipperen, met het vlees, het braadvet,
6 el sherry	
1,25 dl vleesbouillon (blokje)	in de snelkookpan leggen, de pan sluiten, het gerecht gaar koken
circa 125 g cantharellen (uit blik)	uit laten lekken, kleinsnijden, aan het vlees toevoegen
1,25 dl slagroom	erdoor roeren
	met zout, peper op smaak brengen
kooktijd:	20-30 minuten
Erbij:	risotto of pasta, andijviesla.

Gepekelde, gebraden ganzebouten

4 ganze-bouten (circa 1,5 kg)	met
4 afgestreken el zout	inwrijven
8 jenever-bessen	kneuzen
2 laurier-blaadjes	in stukken breken, de ganzebouten met de jeneverbessen en de laurierblaadjes in een schaal leggen, afgedekt 3-4 dagen op een koele plaats (kelder) laten staan
	de bouten dagelijks omdraaien
	de ganzebouten afspoelen, droogdeppen, in een met water omgespoelde braadslee leggen
1 ui	pellen, in vieren snijden
2 wortelen	
1 stengel prei	
	beide ingrediënten schoonmaken, wassen, in stukken snijden
1 zurige appel	schillen, in vieren snijden, klokhuis verwijderen
	ui, wortel, prei en appel om de kalkoenbouten heen leggen
	de braadslee in de voorverwarmde oven zetten
	zodra het braadvocht bruin wordt
2,5 dl heet water	erbij gieten
	de bouten af en toe met braadvocht begieten, verdampt vocht regelmatig vervangen, af en toe het vet afscheppen
	de gare bouten op een schaal leggen, warm houden
	voor de saus
	het braadvocht door een zeef gieten, ontvetten
2-3 el maizena	door
3 el koud water	roeren, het mengsel door het braadvocht roeren, aan de kook brengen, 5 minuten laten koken
	de saus met zout, peper op smaak brengen
oven op:	200-225 graden
baktijd:	90-100 minuten.
Erbij:	aardappelpuree, rode kool, appelcompôte.

water	tot 2,5 dl aanvullen, aan de kook brengen
1 el koud water	met
2 tl maizena	vermengen, het braadvocht daarmee binden, de saus met zout op smaak brengen
oven op:	200-225 graden
baktijd:	75 minuten.

Bonte kalkoenspies

(Foto onder)

	Voor de marinade
5 el witte wijn	met
3 el sojasaus	
2 el olie	
peper, zout	
paprikapoeder	vermengen
750 g kalkoenfilet	in ongeveer 3 cm grote stukken snijden, in de marinade leggen, ongeveer 1 uur laten marineren, het vlees eruit nemen, droogdeppen
1/2 groene paprika	van steel, zaad en zaadlijsten ontdoen, paprika wassen, in stukjes snijden
2 uien	pellen, in vieren snijden
250 g kleine tomaten	wassen, tomaten in vieren snijden, kroontjes wegsnijden
200 g doorregen spek	in reepjes snijden
	paprika, ui, tomaat, spek en vleesblokjes afwisselend aan spiesen rijgen een grillrooster met aluminiumfolie beleggen, de spiesen daarop leggen, onder de voorverwarmde grill schuiven, af en toe met marinade en eventueel met
wat olie	bestrijken
grilltijd:	aan elke kant 6-8 minuten.

Gevulde kalkoenbouten

(In de römertopf)

750 g ontbeende kalkoenbout	van binnen met
zout	inwrijven
375 g ontvelde braadworst	met
1 el gehakte peterselie	vermengen, de kalkoenbout hiermee vullen, dichtnaaien, het vlees van buiten met zout,
peper	inwrijven, in de omgespoelde römertopf leggen, het deksel erop leggen, in de oven zetten het gare vlees in porties snijden, op een voorverwarmde schaal leggen, warm houden het braadvocht met

Kalkoenbout met groenten

(Foto onder)

4 el olie	in een braadslee doen, in de voorverwarmde oven zetten, verhitten
1 kalkoenbout (circa 1 kg met been)	
200 g doorregen spek	in reepjes snijden, de onderkant van de bout hiermee larderen, met
zout versgemalen peper	inwrijven, in de braadslee leggen, zodra het braadvet bruin wordt een deel van
1 l heet water	toevoegen, de kalkoenbout af en toe met braadvocht begieten, verdampt vocht regelmatig vervangen
500 g kleine uien	pellen, na ongeveer 75 minuten braadtijd bij het vlees leggen
200 g wortelen	schoonmaken, schrappen, wassen, kleinsnijden
1 kleine peterseliewortel	schoonmaken, schrappen, wassen
1 stengel prei	schoonmaken, wassen, in ringen snijden, nogmaals wassen
200 g knolselderij	onder de koude kraan schoonborstelen, schillen, in blokjes snijden
	de groenten bij de uien in de braadslee leggen, met zout en peper bestrooien, gaar laten stoven
	het gare vlees met de groenten op een voorverwarmde schaal leggen, warm houden
	het aanbaksel met
water	loskoken, door een zeef gieten
100 g zure room	met
1-2 el bloem	vermengen, het braadvocht daarmee binden, de saus met zout afmaken
	de groente met
gehakte peterselie	bestrooien
oven op:	200-225 graden
baktijd:	ongeveer 2¼ uur.

Kalkoensteak met kaasvulling en citroensaus

(Foto rechts)

4 kalkoensteaks (circa 200 g per stuk)	
	elke steak aan de zijkant diep insnijden, de opening met
versgemalen witte peper	inwrijven
125 g stevige Camembert	in plakjes snijden, met
4 tl cranberries (uit een pot)	over de openingen verdelen, de steaks met prikkers dichtsteken, het vlees met
zout paprikapoeder	inwrijven door
4 el bloem	wentelen
45 g braadboter	verhitten, de steaks hierin aan elke kant ongeveer 5 minuten bakken, op een voorverwarmde schaal leggen, warm houden
	voor de saus het aanbaksel met
4 el witte wijn	loskoken van
2 kleine, nog groene citroenen	de schil verwijderen, de citroenpartjes van vliesjes ontdoen, de partjes op de kalkoensteaks leggen
30 g suiker	met
4 el water	vermengen, verhitten tot het lichtbruin is, met
1,25 dl witte wijn 2-3 el cognac	blussen, al roerend aan de kook brengen, even opkoken, van het vuur nemen
	braadvocht, geraspte gele citroenschil,
1 dl slagroom	toevoegen, mengen, de saus met zout, peper op smaak brengen, over de kalkoensteaks gieten
baktijd:	elke kant circa 5 minuten.
Erbij:	kruidenrijst of stokbrood.

Kalkoenrolletjes met schapekaas en paprikarijst

(Foto boven)

4 kalkoenschnitzels (125-150 g per stuk)	wat platkloppen
100 g schapekaas	verbrokkelen, met
1 eierdooier	
1 tl gehakte dragonblaadjes	
1 tl gehakte basilicum-blaadjes	
1 tl gehakte peterselie	vermengen, met
peper	op smaak brengen het mengsel op de vier schnitzels strijken, deze van de smalle kant af oprollen, met keukengaren dichtbinden, met
zout	en eventueel
knoflookpoeder	bestrooien
2 el olie	verhitten, de kalkoenrolletjes aan alle kanten daarin aanbraden, met wat
bloem	bestrooien
2,5 dl hete vleesbouillon	erdoor roeren, afgedekt laten stoven de gare rolletjes op een voorverwarmde schaal leggen, warm houden
1 el medium sherry	
3 tl crème fraîche	door de saus roeren, de kalkoen-schnitzels hiermee begieten
stooftijd:	ongeveer 15 minuten
	voor de paprikarijst
3 l water	aan de kook brengen
wat zout	en
200 g droogkokende rijst	toevoegen, weer aan de kook brengen, in 15-20 minuten gaar koken, in een zeef storten, met koud water begieten, uit laten lekken, in een voorverwarmde schaal leggen, warm houden, van
1 rode en 1 groene paprika	steel, zaad en zaadlijsten verwijderen, paprika wassen, in kleine stukjes snijden
2 el olijfolie	verhitten, de paprikastukjes daarin bakken, door de rijst scheppen
kooktijd:	ongeveer 15-20 minuten.

Kalkoenschnitzel met kiwi

(Foto onder)

250 g bloem	met
3 g (1 afgestreken tl) bakpoeder	vermengen, in een kom zeven, in het midden een kuiltje maken
1 ei	met
zout	
2,5 dl water	loskloppen, een deel ervan in het kuiltje gieten, vanuit het midden het mengsel door een deel van de bloem roeren, de rest toevoegen, mengen, opletten dat er geen klontjes ontstaan
600 g kalkoen-schnitzels	in ongeveer 1 cm brede reepjes snijden, in het beslag leggen
frituurvet	in de friteuse tot 180 graden verhitten, de stukjes vlees uit het beslag halen, in gedeelten in het vet goudbruin bakken, uit laten lekken, op een voorverwarmde schaal leggen, warm houden
2 schijfjes verse gemberwortel	schillen, snipperen
2 el olie	verhitten de gembersnippers daarin ongeveer 2 minuten bakken
100 g kleine champignons	schoonborstelen, in een hete pan, zonder vet, ongeveer 4 minuten bakken
2 lente-uitjes	schoonmaken, het donkere groen tot op ongeveer 15 cm afsnijden, de knolletjes eventueel pellen, de uitjes in schijfjes snijden
10 gepelde amandelen	in stukjes snijden
2 grote kiwi's (elk circa 100 g)	schillen, in dikke schijven snijden de 4 ingrediënten aan de gember toevoegen, korte tijd meeverhitten
1,25 dl kippebouillon	met
2 el rijstwijn of droge sherry	
4 el sojasaus	
2 el witte-wijnazijn	
2 el suiker	
2 el maizena	goed vermengen, door de groenten roeren, aan de kook brengen, ongeveer 3 minuten laten koken het vlees met de saus begieten, meteen serveren
kooktijd voor de groenten:	ongeveer 10 minuten
frituurtijd:	2-3 minuten per portie.

Kalkoenschnitzel

(Foto onder)

4 kalkoenschnitzels	
(125-150 g per stuk)	aan beide kanten met
zout	bestrooien
	de schnitzels eerst door
50 g bloem	dan door
1 geklopt ei	ten slotte door
50 g paneermeel	halen (goed vastkloppen)
75 g boter	verhitten, de schnitzels aan beide kanten goudbruin bakken, op een voorverwarmde schaal leggen
baktijd:	ongeveer 12 minuten.
Erbij:	romige aardappelpuree, gemengde salade.

Kalkoenborst met vulling

(Foto boven)

1¼ kg kalkoenborst (aan een stuk, zonder been) in de lengte doorsnijden, in beide helften een diepe insnijding maken

40 g peperboter smelten, beide stukken vlees van binnen en buiten hiermee bestrijken, van

200 g spek 6 dunne lange repen afsnijden, de rest in kleine blokjes snijden

1 kleine ui pellen, snipperen, met de spekblokjes bakken

50 g kalkoenlever in fijne reepjes snijden, aan het spekmengsel toevoegen, goed door laten bakken

4-5 el cognac toevoegen

1 ei met

2 el paneermeel loskloppen, aan het spekmengsel toevoegen, goed mengen

de stukken vlees met het mengsel vullen, met keukengaren dichtbinden of met houten prikkers dichtsteken

2-3 el olie verhitten, de kalkoenhelften aan alle kanten daarin aanbraden, met de bewaarde spekreepjes beleggen, in een met water omgespoelde braadslee leggen, in de voorverwarmde oven zetten

een deel van

2,5 dl witte wijn toevoegen, het vlees af en toe met braadvocht begieten

verdampt vocht regelmatig aanvullen

het gare vlees op een voorverwarmde schaal leggen, warm houden

het aanbaksel met de rest van de wijn loskoken, door een zeef gieten

4 el crème fraîche erdoor roeren, kort verhitten

oven op: 200-225 graden

baktijd: ongeveer 60 minuten.

Erbij: aardappelen in kruidenboter, gebakken oesterzwammen.

Kippepoten in kerriesaus

(Foto onder)

4 kippepoten	met
zout, peper	inwrijven
20 g braadboter	verhitten, de poten daarin aan alle kanten goed aanbraden, eruit nemen
2 uien	pellen
4 middelgrote appels	schillen, in vieren snijden, klokhuis verwijderen
2 plakken ananas (uit blik)	in een zeef uit laten lekken, van het sap 2 dl afmeten de ingrediënten in kleine stukjes snijden, in het braadvet verhitten
1 afgestreken el kerriepoeder	
1,25 dl heet water	
2 dl ananassap	toevoegen, met
1 tl zout	op smaak brengen, de kippepoten toevoegen, gaar stoven het gare vlees eruit nemen, eventueel kort onder de grill zetten, warm houden, de saus met zout,
kerriepoeder	op smaak brengen
stooftijd:	25-30 minuten.

Kippegoelasj

300 g uien	pellen, in schijven snijden
50 g boter	verhitten, de uien daarin glazig bakken
2 el paprikapoeder	erover strooien, meeverhitten
4 kippeborstfilets	ontvellen, in ongeveer 3 cm grote blokjes snijden, van
300 g rode paprika's	steel, zaad en zaadlijsten verwijderen, paprika's wassen, in ongeveer 2 cm grote stukjes snijden
400 g tomaten (uit blik)	uit laten lekken, het vocht bewaren, tomaten in stukjes snijden, het vlees, de groenten en het tomatesap aan de uien toevoegen met
1 el bouillonpoeder *zout* *karwijzaad*	op smaak brengen
2 laurierblaadjes	toevoegen, de goelasj 20 minuten afgedekt laten stoven, de laurierblaadjes verwijderen
1 bosje peterselie	wassen, droogdeppen, fijnhakken
2 augurken	in kleine blokjes snijden beide ingrediënten toevoegen, meeverhitten de goelasj in een voorverwarmde schaal doen
2 hardgekookte eieren	pellen, hakken, over de goelasj strooien
stooftijd:	ongeveer 25 minuten.
Erbij:	pasta of aardappelpuree.

Bakhaantje

(Foto boven)

1 schoongemaakt haantje	in 8 porties delen met
1 ei *peper* *paprikapoeder* *1 tl zout*	loskloppen, de stukken vlees daardoor wentelen, rondom stevig door halen
paneermeel	
frituurvet	in de friteuse tot 180-190 graden verhitten, de stukken vlees daarin goudbruin frituren, op keukenpapier uit laten lekken met
stukjes tomaat *schijfjes citroen* *peterselie*	garneren
frituurtijd:	ongeveer 10 minuten.

Kippepoten in sherrysaus

(Foto onder)

4 kippepoten	met
zout, peper	inwrijven
2 el boter	verhitten, het vlees daarin aan alle kanten bakken, gaar laten worden, op een voorverwarmde schaal leggen, warm houden
1 ui	pellen en snipperen, in het bakvet fruiten
2 el bloem	toevoegen, al roerend wat bruin laten worden, met
2 tl kerriepoeder	bestrooien
2,5 dl vleesbouillon (blokje)	toevoegen, met een garde kloppen, opletten dat er geen klontjes ontstaan, de saus aan de kook brengen, ongeveer 5 minuten laten koken
1,25 dl slagroom	erdoor roeren, verhitten (niet meer laten koken)
± 1 dl medium sherry	toevoegen, een deel van de saus over het vlees gieten, de rest er apart bij geven
baktijd:	25-30 minuten.
Erbij:	boterrijst, roodlofsalade.

Kippepoot met kruiden

(Foto boven, 1 persoon)

1/2 tl gedroogde majoraan	
1/2 tl gedroogde tijm	
1/2 tl gedroogde rozemarijn	door het sap van
1 citroen	
1 el olie	roeren
1 kippepoot	met
zout, peper	bestrooien, met het mengsel bestrijken, op het rooster in de voorverwarmde oven leggen, bakken tijdens het bakken af en toe met het kruidenmengsel bestrijken
oven op:	ongeveer 200 graden
baktijd:	ongeveer 20 minuten.
Erbij:	bonensalade.

Gevogelte-sjaslik

500 g kipfilet	
100 g doorregen spek	beide ingrediënten in ongeveer 2 cm grote blokjes snijden
2-3 plakken ananas (uit blik)	uit laten lekken, in niet te kleine stukken snijden het vlees met
zout versgemalen peper	bestrooien, afwisselend met het spek en de ananas op spiesen steken
3 el boter	in een pan verhitten, de vleesspiesen daarin aan alle kanten goudbruin bakken, op een voorverwarmde schaal serveren
baktijd:	ongeveer 8 minuten.

Kippeborst met kerriesaus

(Foto boven)

	Voor de kerriesaus
4 el mayonaise	met
4 el zure room	
1-2 el kerriepoeder	
worcestersaus	
8 gevulde, fijngehakte olijven	
1 el fijngesneden bieslook	vermengen, met
zout	
peper	op smaak brengen
6 kipfilets (circa 600 g)	met zout, peper bestrooien, eerst door
bloem	halen, dan door
1 geklopt ei	halen, daarna door
paneermeel	halen, even in de koelkast leggen
frituurvet	in een friteuse tot 180 graden verhitten, de kipfilets daarin goudbruin bakken, op keukenpapier uit laten lekken met
tomaatpartjes	
waterkers	garneren
baktijd:	ongeveer 4 minuten.
Erbij:	toast, salade.

Kippepoten garni

(Foto rechts)

4 kippepoten	
2 el olie	met
1/2 tl paprikapoeder	
1 mespunt kerriepoeder	
zout	
peper	vermengen, de kippepoten daarmee bestrijken, op het rooster in een met water omgespoelde braadslee leggen, in het midden van de voorverwarmde oven zetten zodra het braadvet bruin wordt een deel van
1,25 dl heet water	erbij gieten, de kippepoten af en toe met braadvocht begieten, verdampt vocht regelmatig door water vervangen
oven op:	200-225 graden
baktijd:	25-30 minuten

de gare kippepoten af laten koelen, op een rooster op een bakblik leggen met

partjes mandarijn
schijfjes perzik
halve ananasschijven
cocktailkersen — garneren, het bewaarde vruchtesap eventueel met water tot 2,5 dl aanvullen

1 pakje wit gelatinepoeder — door

3 el witte wijn — roeren, 10 minuten laten wellen, al roerend verwarmen tot het is opgelost, het vruchtesap verwarmen, de gelatine erdoor roeren, af laten koelen
zodra de gelatine-oplossing dik begint te worden de gegarneerde kippepoten daarmee bestrijken
dit herhalen tot de kippepoten en de vruchten volledig met gelei bedekt zijn
de rest van de gelei stijf laten worden, in blokjes snijden, de kippepoten op een schaal leggen, met de geleiblokjes en

citroenmelisse — garneren.

Kippeborst in marsalasaus

(Foto onder, 2-3 personen)

2-3 kippeborstfilets	met
peper	
gehakte salie	inwrijven, elke filet met een van
2-3 dunne plakjes rauwe ham	omwikkelen, met houten prikkers vaststeken
2 el braadboter	verhitten, de filets daarin aan beide kanten bakken, eruit halen, warm houden
	het braadvocht met
3-4 el marsala	loskoken
1 bekertje crème fraîche	erdoor roeren, kort opkoken
	de saus met
zout	op smaak brengen, de kipfilets zonder de prikkers in de saus leggen, nog ongeveer 2 minuten verhitten
baktijd:	10-15 minuten.
Erbij:	risotto, veldsla.

Kipfilet met avocado en kruidenmayonaise

(Foto rechts, 4-6 personen)

6 kipfilets (circa 600 g)	in een schaal leggen, met
zout, peper	
geraspte schil van 1 lemmetje	bestrooien, afgedekt ongeveer 1 uur
	laten staan, het vlees na 30 minuten omdraaien
30 g boter	smelten, de filets aan elke kant ongeveer 5 minuten daarin bakken, af laten koelen
	voor de mayonaise
2 eierdooiers	met
wat lemmetjessap	
zout	
suiker	in een kom met de mixer tot een dikachtig mengsel kloppen
2,5 dl olie	erdoor kloppen, eventueel met zout, peper, lemmetjessap, suiker op smaak brengen

1 bosje peterselie
15 g dragon afspoelen, droogdeppen, de blaadjes fijnhakken, door de mayonaise roeren

3 rijpe avocado's (circa 300 g per stuk) halveren, ontpitten, schillen, het vruchtvlees in ongeveer 1 cm dikke schijfjes snijden, deze langs de rand van een schaal leggen, met lemmetjessap besprenkelen
met
tuinkers bestrooien

de kipfilets schuin in dunne schijven snijden, op de avocadopartjes leggen, de kruidenmayonaise erover verdelen
met
lemmetjes-schijfjes
dragonblaadjes
of
tuinkers garneren

baktijd voor de filets: ongeveer 15 minuten.

Tip: in plaats van dragon en peterselie kan ook basilicum voor de saus worden gebruikt.

Kipperagoût met basilicum

(Foto boven)

Bij

750 g kipfilet	eventueel vet wegsnijden, in ongeveer 3 cm grote blokjes snijden
4 el olie	verhitten, de kipblokjes daarin in gedeelten aanbraden, met
zout peper	bestrooien
2 uien	pellen en snipperen, toevoegen, de uisnippers daarin glazig bakken met
1 dl witte wijn 1-2 tl citroensap	afblussen, aan de kook brengen, met
3 tl lichte sausbinder	binden
2 eierdooiers	door
2,5 dl slagroom	roeren, door de ragoût roeren (niet meer laten koken)
30 g verse basilicum	afspoelen, droogdeppen, de blaadjes fijnhakken, toevoegen, met zout, peper,
1 tl worcestersaus	op smaak brengen, meteen serveren
kooktijd:	ongeveer 20 minuten.
Erbij:	rijst of stokbrood.
Variatie:	in plaats van kip kan ook kalkoenfilet genomen worden.
Tip:	dit gerecht is uitstekend geschikt als lichte maaltijd voor onverwachte gasten wanneer u filets in de diepvries hebt.

Andalusische paella

(Foto onder)

500 g mosselen	in ruim koud water leggen, een paar uur daarin laten liggen, het water af en toe verversen, de mosselen goed schoonborstelen, de baard verwijderen, spoelen tot het water volkomen helder blijft mosselen die bij deze behandeling opengaan zijn oneetbaar, alleen gesloten mosselen verder gebruiken
1,25 dl witte wijn	aan de kook brengen, de mosselen toevoegen, al roerend verhitten tot ze opengaan (na ongeveer 5 minuten – mosselen die nu niet opengaan zijn oneetbaar) het mosselvlees uit de schelpen halen (een paar in de schelp laten)
2 grove braadworsten	in schijven snijden
2-3 teentjes knoflook	pellen en snipperen
6-7 el olijfolie	verhitten, beide ingrediënten daarin aanbraden, uit de pan nemen, apart zetten
1 schoon-gemaakte kip	in 8 stukken snijden, met
zout *peper*	inwrijven, in het braadvet aanbraden
4 kleine uien	pellen en snipperen, bij het vlees in de pan leggen, meebakken
250 g mager varkensvlees	in ongeveer 1 cm grote blokjes snijden, toevoegen, meebakken
5 tomaten	met kokend water begieten, in koud water laten schrikken, ontvellen, de kroontjes wegsnijden, de tomaten snijden, zaadjes verwijderen, grof hakken, van
1 groene paprika	steel, zaad en zaadlijsten verwijderen, paprika wassen, in stukjes snijden beide ingrediënten toevoegen met zout, peper bestrooien afgedekt ongeveer 30 minuten laten stoven de kipdelen uit de pan nemen, apart zetten
250 g rijst (lange korrel)	aan vlees en groenten toevoegen, roeren, alles in een ovenschaal doen
1/2-1 tl gemalen saffraan	in
7,5 dl vleesbouillon (blokje)	oplossen, erbij gieten, met
zout *peper*	op smaak brengen, kippevlees, worst, mosselen,
100 g erwtjes (diepvries)	toevoegen, wat omscheppen
4 artisjokharten (uit blik)	uit laten lekken
250 g gekookte langoustines	uit de schaal halen beide ingrediënten op de rijst leggen, de schaal in de voorverwarmde oven zetten, gaar laten worden de paella met
olijven	garneren
oven op:	ongeveer 200 graden
baktijd:	ongeveer 30 minuten.

Kip met cantharellen

(Foto onder)

600 g kipfilet	in kleine reepjes snijden
1 kleine ui	pellen en snipperen
1 el olijfolie	verhitten, de uisnippers toevoegen, glazig bakken, het vlees toevoegen, meebakken
1 klein blikje cantharellen	uit laten lekken, aan het vlees toevoegen, meeverhitten, met
zout versgemalen peper 1 mespuntje tijm	op smaak brengen
2,5 dl instant-jus 1,25 dl slagroom	toevoegen, even opkoken, met
gehakte peterselie	bestrooien
baktijd:	ongeveer 5 minuten.

Ganzepoten met witte kool

2 ganzepoten	met
zout	inwrijven, van
2 kg	
witte kool	de lelijke buitenste bladeren verwijderen, de kool in vieren snijden, de stronk eruit snijden, de kool wassen, uit laten lekken, in fijne reepjes snijden
2 grote	
uien	pellen en snipperen
30 g reuzel	smelten, de ganzepoten aan alle kanten goed aanbraden, de uisnippers toevoegen, fruiten
2,5 dl	
heet	
water	toevoegen, de kool toevoegen, met
zout	op smaak brengen, gaar laten stoven het vlees van het been halen, in een voorverwarmde schaal leggen de kool met
zout	
suiker	
azijn	op smaak brengen, aan het vlees toevoegen
stooftijd:	ongeveer 1,5 uur.
Erbij:	gekookte aardappelen.

Kipcurry Tonga

(Foto boven)

2-3 kipfilets	in kleine stukken snijden
1 el boter	verhitten, het vlees daarin lichtbruin bakken, met
zout, peper	
kerriepoeder	bestrooien, uit de pan nemen, warm houden
1 el boter	smelten, met
1/2 el	
kerriepoeder	bestrooien
100 g	
mandarijnpartjes	
100 g	
ananasstukjes	
(uit blik)	in de pan verhitten
1 gemberbolletje	
(uit een pot)	snipperen, aan de vruchten toevoegen
1 bekertje	
crème fraîche	
2 el gemberstroop	
1 el mandarijnsap	
1 el ananassap	toevoegen, opkoken, met
zout, peper	
citroensap	op smaak brengen het vlees toevoegen, meeverhitten
baktijd:	ongeveer 5 minuten.

Kip-groentencurry

(Foto onder)

1 schoongemaakte kip (circa 1 kg)	
1 bosje soepgroente	schoonmaken, wassen, kleinsnijden de kip en de soepgroente met wat
zout	aan
1,5-2 l kokend water	toevoegen, aan de kook brengen, in ongeveer 1 uur gaar koken het vlees van de beenderen halen, in reepjes snijden de bouillon door een zeef gieten 5 dl daarvan afmeten
2 wortelen	schoonmaken, schrappen, wassen
1/2 knolselderij	schoonmaken, schillen, wassen beide groenten in stukjes snijden
1 stengel prei	schoonmaken, wassen, in ringen snijden
1 ui	pellen en snipperen
40 g boter	smelten, de groenten ongeveer 10 minuten daarin verhitten
1,5 el kerriepoeder	toevoegen, kort meebakken het kippevlees toevoegen, meeverhitten, de kippebouillon toevoegen, aan de kook brengen
3 plakken ananas (uit blik)	uit laten lekken
1 banaan	schillen
1 appel	schillen, halveren, klokhuis verwijderen de vruchten in stukjes snijden, aan het gerecht toevoegen, 3-4 minuten meeverhitten, met zout,
suiker	op smaak brengen
kooktijd:	ongeveer 1,5 uur.

Bonte kipfricassee

(Foto rechts)

1 schoongemaakte poularde (circa 1 1/4 kg)	met wat
zout	aan
1 l kokend water	toevoegen, aan de kook brengen, afschuimen
1 bosje soepgroente	schoonmaken, wassen
1 ui	pellen
1 laurierblad	
6 peperkorrels	de vier ingrediënten toevoegen, de kip in ongeveer 75 minuten gaar laten koken (de kip moet tijdens het koken met water bedekt blijven) de gare kip uit de bouillon nemen, de bouillon door een zeef gieten, de wortel in kleine stukjes snijden, apart zetten 7,5 dl van de bouillon afmeten, het vlees van de beenderen halen, het vel verwijderen, vlees in grote blokjes snijden
	voor de saus
1 ui	pellen en snipperen
30 g boter	verhitten, de uisnippers daarin glazig bakken
250 g champignons	schoonmaken, wassen, in schijfjes snijden, aan de uien toevoegen, meebakken
40 g bloem	erover strooien, erdoor roeren
7,5 dl kippebouillon	toevoegen, met een garde kloppen, opletten dat er geen klontjes ontstaan, de saus aan de kook brengen, ongeveer 5 minuten laten koken
circa 200 g gekookte aspergepunten (uit blik)	uit laten lekken, met
150 g erwtjes (diepvries)	aan de saus toevoegen, aan de kook brengen, 3-5 minuten laten koken
2 el crème fraîche	erdoor roeren, de stukken vlees toevoegen, kort opkoken, met
zout	
peper	op smaak brengen
1 eierdooier	met
2 el koude melk	loskloppen, de fricassee daarmee binden (niet meer laten koken) de wortelstukjes en
1 el gehakte peterselie	over de fricassee strooien
kooktijd:	ongeveer 90 minuten.
Erbij:	rijst.

Kippebouten, Provençaals

(Foto onder)

4 kippepoten (circa 800 g)	met
zout	
peper	
paprikapoeder	inwrijven
2 teentjes knoflook	pellen en snipperen
3 uien	pellen, in schijven snijden
500 g tomaten	met kokend water begieten, in koud water laten schrikken, ontvellen, halveren, de kroontjes wegsnijden, kern verwijderen, tomaten in reepjes snijden
3 el olie	verhitten, het vlees aan alle kanten goed daarin aanbraden, knoflook, ui en tomaat toevoegen, met zout, peper,
tijm	op smaak brengen, ongeveer 25 minuten laten stoven
	de gare kippebouten op een voorverwarmde schaal leggen, warm houden
150 g champignons (uit blik)	met het vocht en
100 g zwarte olijven	aan de groenten toevoegen, meeverhitten
2 tl maizena	door
3 el koud water	roeren, de groenten daarmee binden, met zout, peper,
gehakte peterselie	bestrooien
stooftijd:	ongeveer 25 minuten
Erbij:	rijst, groene salade.

Kippeborst in fijne pepersaus

(Foto blz. 2)

4 kippeborstfilets	met
zout	
peper	
paprikapoeder	bestrooien
50 g doorregen rookspek	in dunne reepjes snijden
2 el boter	in een pan verhitten, de kipfilets aan beide kanten daarin aanbraden, de spekreepjes toevoegen, kort meebakken, met
4 el whisky	besprenkelen, flamberen, het vlees uit de pan nemen

	voor de pepersaus
1 bekertje crème fraîche	met
1 tl gekneusde groene peperkorrels	aan het bakvet toevoegen, roeren, aan de kook brengen, de saus wat laten inkoken, met
sojasaus	op smaak brengen, de filets in de pepersaus verhitten, meteen serveren
baktijd:	ongeveer 10 minuten
Erbij:	risotto, groene salade.

Fijne kipfricassee

(Foto rechts)

1 schoongemaakte soepkip (circa 1,2 kg)	met wat
zout	in
2 l kokend water	leggen, aan de kook brengen, afschuimen
1 bosje soepgroente	schoonmaken, wassen
1 ui	pellen, met
1 laurierblad	
1 kruidnagel	besteken
	de ingrediënten toevoegen, de kip gaar laten koken (de kip moet tijdens het koken met water bedekt zijn, verdampt water eventueel aanvullen), de gare kip uit de bouillon nemen, deze door een zeef gieten, 1 l daarvan afmeten
	het vlees van de beenderen halen, het vel verwijderen, het vlees in de rest van de bouillon warm houden
	voor de saus
60 g boter	smelten
70 g bloem	al roerend daarin verhitten tot het mengsel lichtgeel is
1 l kippe-bouillon	toevoegen, met de garde kloppen, opletten dat er geen klontjes ontstaan, aan de kook brengen, ongeveer 10 minuten laten koken
175 g gekookte aspergestukken	
150 g gekookte champignons	
	beide ingrediënten met het uitgelekte vlees aan de saus toevoegen, even opkoken
2 eierdooiers	met
4 el koude melk	kloppen, de fricassee daarmee binden (niet meer laten koken), met
zout	
peper	
citroensap	op smaak brengen
kooktijd:	2-2,5 uur (afhankelijk van de leeftijd van het dier).
Variatie:	in plaats van een soepkip een poularde gebruiken, kooktijd 40-45 minuten.
Erbij:	rijst (rijstrand).

Spaanse kipschotel

(Foto onder, in de snelkookpan)

1 schoongemaakte kip (circa 1 kg)	in ongeveer 10 stukken snijden
4 el olijfolie	in de open snelkookpan verhitten, de kipdelen aan alle kanten goed daarin aanbraden
2 rode paprika's	halveren, steel, zaad en zaadlijsten verwijderen, paprika's wassen, in repen snijden, aan het vlees toevoegen, even meebakken
150 g rijst	wassen, met
300 g doperwten (diepvries) 200 g champignons (uit blik, met vocht)	toevoegen
4 el tomatenpuree	erdoor roeren
1,5 l vleesbouillon (blokjes)	toevoegen, met
zout peper basilicum rozemarijn	op smaak brengen, de snelkookpan sluiten, het gerecht gaar koken
kooktijd:	ongeveer 8 minuten.

Kippepoten op vruchtenrisotto

(Foto rechts)

1 el boter	smelten
200 g rijst (lange korrel)	wassen, uit laten lekken, in het vet glazig bakken
5 dl hete vleesbouillon	toevoegen, de rijst op laag vuur in ongeveer 20 minuten gaar koken
2 appels	schillen, grof raspen
2 bananen	schillen, in de lengte halveren, in schijfjes snijden van
2 sinaasappels	het sap uitpersen, met de appelrasp en de schijfjes banaan door de rijst scheppen, verhitten, met
zout witte peper paprikapoeder kerriepoeder	op smaak brengen
4 kippepoten	(eventueel vet wegsnijden) onder de hete grill leggen eerst aan de ene dan aan de andere kant grillen
1 el olie ½ afgestreken tl paprikapoeder	met vermengen, tijdens het grillen de kippepoten daarmee bestrijken
grilltijd:	elke kant ongeveer 10 minuten de kippepoten met
zout	bestrooien de vruchtenrisotto op een voorverwarmde schaal leggen, de kippepoten erop serveren, met
peterselie sinaasappelpartjes	garneren.

Gevogeltereepjes in roomsaus

(Foto rechts)

500 g kipfilet	in dunne plakken snijden, met
zout	
peper	
paprikapoeder	bestrooien
30 g boter	smelten, het vlees in ongeveer 7 minuten goudbruin bakken
30 g bloem	erover strooien, roeren, meeverhitten
150 g champignons (uit blik)	uit laten lekken, in schijfjes snijden, het vocht opvangen
	met water tot 2,5 dl aanvullen, aan het vlees toevoegen, al roerend aan de kook brengen
	de champignonschijfjes,
1,25 dl slagroom	toevoegen, aan de kook brengen
	5 minuten laten koken, krachtig met zout, peper, paprikapoeder op smaak brengen
kooktijd:	15-20 minuten.

Kippepoten met gestoofde worteltjes

(Foto onder)

750 g worteltjes	schoonmaken, schrappen, wassen, in kleine stukjes snijden
4 kippepoten	met
zout	
peper	
paprikapoeder	inwrijven
3 el boter	verhitten, het vlees daarin aan alle kanten aanbraden
3 uien	pellen, in halve ringen snijden, toevoegen, meeverhitten, de wortelstukjes toevoegen, met zout, peper bestrooien
1,25 dl heet water	toevoegen, het gerecht laten stoven, af en toe omscheppen
	de gare kippepoten op een voorverwarmde schaal leggen, warm houden
1,25 dl heet water	bij de groenten gieten, opkoken
1 volle tl maizena	door
wat koud water	roeren, de groenten hiermee binden, met zout, peper op smaak brengen, over de kippepoten scheppen, met
gehakte peterselie	bestrooien
stooftijd:	25-30 minuten.

Gevulde gevogeltepoten

4 gevogeltepoten (bijv. kip)	uitbenen
1 plak Goudse kaas (circa 100 g)	in vier gelijke repen snijden, in
4 plakken rauwe ham	wikkelen, deze in de poten steken, met keukengaren dichtnaaien, onder de hete grill leggen
4 plakken ananas (uit blik)	naast de gevulde poten leggen, alles eerst aan de ene dan aan de andere kant grillen
wat olie	met
paprikapoeder	vermengen, het vlees en de ananas tijdens het grillen af en toe hiermee bestrijken
grilltijd:	elke kant ongeveer 15 minuten
	de ananasplakken in totaal ongeveer 20 minuten grillen, op een voorverwarmde schaal leggen, het vlees erop leggen, met
peterselie	garneren.

Gevogeltelevertjes

(Foto onder)

750 g kleine aardappelen	schillen, wassen, droogdeppen
30 g boter	met
2 el olie	verhitten, de aardappelen daarin ongeveer 20 minuten bakken, af en toe omscheppen, met
zout	bestrooien
250 g kleine uien	pellen
500 g worteltjes	schoonmaken, schrappen, wassen, in dikke schijfjes snijden uien, wortelschijfjes
2 laurierblaadjes	aan de aardappelen toevoegen, ongeveer 20 minuten mee laten bakken
250 g prei	schoonmaken, wassen, in ringen snijden, eventueel nogmaals wassen, toevoegen, nog 10 minuten meeverhitten, met
peper	
1 tl tijm	op smaak brengen
500 g gevogeltelevertjes	schoonmaken
30 g boter	verhitten, de lever daarin 8-10 minuten bakken, dan door de gare groenten scheppen
1 bosje peterselie	onder de koude kraan afspoelen, droogdeppen, de blaadjes eraf halen, fijnhakken, over het gerecht strooien
stooftijd voor de groenten:	ongeveer 50 minuten
baktijd voor de lever:	ongeveer 10 minuten.

Kippelevertjes

(Foto rechts)

500 g kippelevertjes	eventueel nog schoonmaken
500 g zurige appels	schillen, in vieren snijden, klokhuis verwijderen, appels in niet te dunne schijfjes snijden
500 g uien	pellen, in schijven snijden
50 g boter	verhitten, de uischijven daarin fruiten, met
zout	bestrooien, uit de pan nemen, warm houden
30 g boter	verhitten, de appelschijfjes daarin bakken tot ze lichtbruin zijn, uit de pan nemen, warm houden

	de lever met
peper	bestrooien, door
4 el bloem	wentelen
50 g boter	verhitten, de levertjes daarin 8-10 minuten bakken
4 bruine boterhammen	onder de hete grill leggen, goudbruin roosteren
	de boterhammen op vier voorverwarmde borden leggen, de lever erover verdelen
	met
zout	bestrooien, de uiringen en appelschijfjes daarover verdelen, met
majoraanblaadjes	bestrooien
kooktijd:	ongeveer 25 minuten.

Badacsonyi
Plattenseer
Minőségi bor

Gestoofde ganzeborst

(Foto links, ongeveer 2 personen)

Circa 750 g ganzeborst (met been)	met
zout	inwrijven
2-3 bosjes soepgroente	schoonmaken, wassen, kleinsnijden
1 ui	pellen en snipperen
40-50 g ganzevet	verhitten, de soepgroente en de uisnippers daarin even bakken, de ganzeborst met de beenderen omlaag toevoegen, met
100 g spek (in reepjes)	beleggen, een deel van
2,5 dl witte wijn	toevoegen, afgedekt laten stoven verdampt vocht af en toe vervangen de gare ganzeborst van de beenderen ontdoen, het vlees in schijven snijden, op een voorverwarmde schaal leggen het braadvocht door een zeef gieten, over de ganzeborst gieten
stooftijd:	90-100 minuten.

Ganzebouten in paprika

(Foto onder)

2 ganzepoten (circa 1 kg)	met
zout	
paprikapoeder	inwrijven
1 el reuzel	smelten, het vlees daarin aan alle kanten goed aanbraden, de helft van het vet weggieten
3 uien	pellen, in vieren snijden, toevoegen, meebakken van
2,5 dl heet water	1,25 dl toevoegen, het vlees stoven, af en toe omdraaien, met braadvocht bedruipen, verdampt vocht af en toe vervangen, van
500 g paprika's	steel, zaad en zaadlijsten verwijderen, paprika's wassen, in reepjes snijden
500 g tomaten	met kokend water begieten, in koud water laten schrikken, ontvellen, de kroontjes wegsnijden, tomaten in stukjes snijden na ongeveer 1 uur stooftijd de groenten toevoegen, met zout,
peper	op smaak brengen, ongeveer 45 minuten meestoven het gare vlees van de beenderen halen, in schijven snijden, warm houden de groenten met zout, peper, paprikapoeder op smaak brengen, in een schaal leggen, het vlees erop leggen, met
gehakte peterselie	bestrooien
stooftijd:	ongeveer 100 minuten.
Erbij:	gekookte aardappelen of aardappelpuree.

Scherpe kipschotel

(Foto boven)

1 schoongemaakte poularde	in delen snijden, met
peper	inwrijven
3 el olie	verhitten, de kipdelen ongeveer 15 minuten goed daarin aanbraden, met
zout	bestrooien, uit de pan halen
100 g doorregen spek	in dobbelsteentjes snijden, in het braadvet leggen, wat uitbakken
100 g uien	en
2 teentjes knoflook	pellen, snipperen, in het braadvet fruiten, van
2 rode paprika's	steel, zaad en zaadlijsten verwijderen, paprika wassen, in dunne reepjes snijden, aan het spek-uimengsel toevoegen, meebakken

circa 240 g tomaten (uit blik)	uit laten lekken, het vocht opvangen, met
vleesbouillon (blokje)	tot 5 dl aanvullen, aan de groenten toevoegen
3 el slagroom	
3-4 el chilisaus	erdoor roeren, aan de kook brengen, wat in laten koken, de stukken kip toevoegen, in ongeveer 30 minuten gaar laten smoren
	de tomaten kort voor het einde van de stooftijd toevoegen, meeverhitten, de saus met zout, peper,
paprikapoeder	
oregano	op smaak brengen
bereidingstijd:	ongeveer 1 uur.

Kip Normandië

(Foto onder)

1 schoongemaakte poularde	van binnen en buiten met
zout, peper	inwrijven
1 vers takje of wat gedroogde dragon	in de buikholte leggen
4 zurige appels	schillen, halveren, klokhuis wegsnijden
1,25 dl appelwijn	in een ovenschaal gieten
	de kip met de borst omlaag erin leggen, de appels daaromheen leggen
	kip en appel met ongeveer de helft van
40-50 g gesmolten boter	bedruipen
	de schaal zonder deksel in de voorverwarmde oven zetten
	ongeveer 30 minuten voor het einde van de braadtijd de kip omdraaien, met de rest van de boter bedruipen
	de gare kip in delen snijden, met de appels serveren
oven op:	ongeveer 225 graden
baktijd:	ongeveer 60 minuten.

Kip van de jager

(Foto links)

1 schoongemaakte jonge kip (circa 1 kg)	in 4 porties snijden, met
zout, peper	inwrijven
3 el olijfolie	
60 g boter	verhitten, de kipstukken daarin goed aanbraden, uit de pan nemen, warm houden
250 g champignons	schoonmaken, wassen, in schijfjes snijden
1/2 gepelde ui	fijnsnipperen beide ingrediënten in het braadvet bakken
100 g bloem	al roerend toevoegen, even meebakken
1,25 dl witte wijn	
2 el cognac	
1,25 dl vleesbouillon (blokje)	al roerend toevoegen
100 g tomaten	met kokend water begieten, in koud water laten schrikken, ontvellen, de kroontjes wegsnijden, tomaten kleinsnijden, aan de champignons toevoegen, aan de kook brengen, 8 minuten stoven de stukken kip toevoegen, in ongeveer 30 minuten gaar stoven de kipstukken op een voorverwarmde schaal leggen, warm houden de saus wat in laten koken
3-4 el gehakte peterselie	toevoegen, de kip met de saus begieten, serveren
bereidingstijd:	ongeveer 50 minuten.

Kip Marengo

(Foto onder)

1 schoongemaakte poularde	in 4 delen snijden
1 teentje knoflook	pellen en snipperen de kipdelen met knoflook,
zout, peper	inwrijven
2 el olie	verhitten, de kipdelen aan alle kanten goed daarin aanbraden
500 g tomaten	met kokend water begieten, in koud water laten schrikken, ontvellen, de kroontjes wegsnijden, de zaadjes verwijderen, tomaten kleinsnijden, aan het vlees toevoegen, meeverhitten
2,5 dl witte wijn	toevoegen, het vlees laten stoven, af en toe omdraaien verdampt vocht af en toe door witte wijn vervangen
250 g kleine champignons	schoonborstelen
10 ontpitte groene olijven	uit laten lekken, samen met de champignons na ongeveer 30 minuten stooftijd aan het gerecht toevoegen, mee laten stoven de gare kipdelen op een schaal leggen, het braadnat met zout, peper op smaak brengen, over het vlees gieten
10 g zwarte truffels (uit blik)	snipperen, over het vlees strooien
4 gekookte rivierkreeften	pellen, het gerecht daarmee garneren
stooftijd:	ongeveer 45 minuten.

Gestoofde poularde

(Foto boven)

1 schoongemaakte poularde (circa 1¼ kg)	in delen snijden, met
zout	
paprikapoeder	inwrijven
2-3 el olie	verhitten, de kipdelen daarin aan alle kanten goed aanbraden
1 ui	
1 teentje knoflook	beide pellen en snipperen, meebakken, een deel van
3,75 dl heet water	toevoegen, het vlees laten stoven, af en toe omdraaien, verdampt vocht regelmatig vervangen de gare kipdelen uit de pan nemen, warm houden het braadvocht met de rest van het water tot 3,75 dl aanvullen
70 g tomatenpuree (uit blik)	
1 el mild paprikapoeder	
1 tl pikant paprikapoeder	
½ tl gedroogde majoraan	erdoor roeren, aan de kook brengen
1 el maizena	door
3 el zure room	roeren, het braadvocht daarmee binden, met zout op smaak brengen, de kipstukken nog even in de saus verhitten
stooftijd:	ongeveer 45 minuten.
Erbij:	pasta of rijst.

Poularde in uienbed

(Foto onder)

1 schoongemaakte poularde (circa 1 1/4 kg)	in 8 delen snijden
2 el olie	verhitten, de stukken kip daarin aan alle kanten goed aanbraden, uit de pan nemen, met
zout	
peper	bestrooien, warm houden
500 g pareluitjes	pellen
250 g wortelen	schoonmaken, schrappen, wassen, in schijfjes snijden
3 el boter	in het braadvet smelten, ui en wortel daarin bakken, met zout, peper,
1 el tijm	bestrooien
	de kipstukken met
2 laurierblaadjes	aan de groente toevoegen, afgedekt ongeveer 10 minuten stoven
1 bekertje crème fraîche	erdoor roeren, verhitten
kooktijd:	ongeveer 40 minuten.
Erbij:	aardappelen, boterjus.

Kip in rode-wijnsaus

(Foto links, in de snelkookpan)

1 schoongemaakte kip (circa $1\frac{1}{4}$ kg)	in 6-8 stukken snijden, met
zout, peper	inwrijven
80 g doorregen spek	in dobbelsteentjes snijden, in de open snelkookpan uitbakken
50 g boter	toevoegen, het vlees daarin aan alle kanten goed aanbraden
1 ui	pellen en snipperen
200 g champignons	schoonmaken, wassen, in vieren snijden
	de beide ingrediënten aan het vlees toevoegen, een paar minuten meebakken
2,5 dl rode wijn *2,5 dl vleesbouillon (blokje)*	toevoegen
1 laurierblad *4 kruidnagels* *wat rozemarijn*	toevoegen, de snelkookpan sluiten, het gerecht gaar koken
	het vlees op een voorverwarmde schaal leggen, warm houden
2 afgestreken el maizena	door
3 el rode wijn	roeren, door het kookvocht roeren, aan de kook brengen, ongeveer 5 minuten laten koken, de saus met zout, peper op smaak brengen
kooktijd voor de kip:	8-10 minuten
kooktijd voor de saus:	5 minuten.
Erbij:	aardappelpuree, witlofsalade.

Poularde op roomprei

(Foto onder)

1 schoongemaakte poularde (circa $1\frac{1}{4}$ kg)	in 4 delen snijden, met
zout *1 el paprikapoeder*	inwrijven
2 el boter	smelten, de kipdelen met een deel van de boter bestrijken
750 g prei	schoonmaken, wassen, in fijne ringen snijden, eventueel nog een keer wassen, uit laten lekken, in de rest van de boter verhitten
1,25 dl witte wijn	toevoegen, in een vuurvaste schaal leggen, de kipdelen erop leggen, de schaal in de voorverwarmde oven zetten, gaar bakken
	de gare kipdelen op een voorverwarmde schaal leggen, warm houden
1 bekertje crème fraîche	door de prei roeren, met zout op smaak brengen
oven op:	ongeveer 200 graden
baktijd:	ongeveer 40 minuten.

Gebakken haantje met honing

(Foto boven)

1 middelgroot haantje (circa 1 kg) afspoelen, droogdeppen, in stukken snijden

voor de marinade

3 el vloeibare honing met

5 el ongezoet ananas- of sinaasappelsap

1 el scherpe mosterd

1 tl sojasaus

$^1/_2$ tl versgemalen witte peper goed vermengen

de kipdelen met de marinade

	bestrijken, ongeveer 2 uur laten intrekken
2-3 el olie	in een braadpan verhitten, het vlees aan alle kanten goed aanbraden, eventueel wat marinade toevoegen, gaar laten worden, af en toe omdraaien het vlees met
takjes tijm	garneren
baktijd:	30-45 minuten.

Haantje in kaneel-tomatensaus

(Foto rechts)

1 schoongemaakt haantje (circa $1^{1}/_{4}$ kg)	in 8 delen snijden, met
zout *peper*	inwrijven
4 el olie	in een vuurvaste schaal verhitten, het vlees daarin aan alle kanten in ongeveer 10 minuten bruin bakken, eruit nemen, met
1 tl kaneel	bestrooien, warm houden
300 g kleine uien	pellen, in vieren snijden, in het bakvet glazig bakken
1 kg tomaten	met kokend water begieten, in koud water laten schrikken, ontvellen, de kroontjes wegsnijden, de tomaten in vieren snijden, de kern verwijderen, tomaatstukken aan de uien toevoegen, meebakken
2 el tomatenpuree	erdoor roeren, met
zout *peper* *suiker*	op smaak brengen, aan de kook brengen, wat in laten koken
1,25 dl slagroom	met
6 el droge vermout *1 tl kaneel*	vermengen, door het ui-tomaten-mengsel roeren, het vlees met het vel omhoog erin leggen de schaal in de voorverwarmde oven zetten, vlees en groenten gaar laten worden het gare vlees eruit nemen, warm houden de saus eventueel nog wat in laten koken, met zout, peper, suiker,
kaneel	op smaak brengen, het vlees weer in de saus leggen
1,25 dl slagroom	stijfkloppen
2 el vermout	erdoor roeren, over het vlees gieten, meteen serveren
oven op:	ongeveer 250 graden
baktijd:	ongeveer 30 minuten.

Paprika-kip

1 schoongemaakte kip (1-$1^{1}/_{4}$ kg)	in vieren snijden de kipdelen met
zout	bestrooien
40 g boter	verhitten, het vlees daarin aan beide kanten goudgeel bakken, warm houden
	voor de saus
150 g uien *1 teentje knoflook*	beide ingrediënten pellen, de uien snipperen, de knoflook kneuzen, in het bakvet lichtgeel bakken, van het vuur nemen
1 el paprikapoeder	erdoor roeren
2,5 dl kippebouillon	toevoegen
70 g tomatenpuree	erdoor roeren, aan de kook brengen de saus met
zout, peper *geraspte citroenschil*	op smaak brengen, de kipdelen toevoegen, het vlees in gesloten pan in ongeveer 30 minuten gaar stoven het vlees op een voorverwarmde schaal leggen, warm houden
1 bekertje crème fraîche of zure room	erdoor roeren, al roerend wat in laten koken, met zout, peper op smaak brengen, de saus over het vlees gieten, met reepjes van
1 groene paprika	garneren
bereidingstijd:	ongeveer 50 minuten.
Erbij:	rijst, groene salade.

Kerrie-haantje met banaan

(Foto links, in aluminiumfolie)

1 schoongemaakt braadkuiken (circa 750 g)	
	voor de vulling
1 appel (circa 125 g)	schillen, het klokhuis er met een appelboor uitsteken, de appel in dunne schijven snijden
1 banaan	schillen, in dunne schijven snijden de vruchten met
1/2 tl kerriepoeder suiker zout	bestrooien het haantje van binnen en buiten met zout bestrooien, met de vruchten vullen, dichtnaaien, de poten en de vleugels met draad aan de romp vastbinden een stuk aluminiumfolie dun met
olie	bestrijken, het haantje losjes maar goed daarin inpakken op het rooster in het midden van de voorverwarmde oven leggen, gaar bakken de folie ongeveer 15 minuten voordat het haantje gaar is openmaken
1,5 el honing	met
1/2 tl kerriepoeder	vermengen, het haantje daar enkele keren mee bestrijken het gare haantje uit de folie nemen, de draden losmaken, de vulling eruit halen het haantje in delen snijden samen met de vulling op een voorverwarmde schaal leggen
2 bananen	schillen, in de lengte halveren
1 el boter	smelten, de banaanhelften daarin aan beide kanten bakken het braadvocht uit de folie toevoegen, de bananen daar enkele keren mee bedruipen, bij het vlees leggen
oven op:	250-275 graden
baktijd:	60-70 minuten.
Erbij:	kerrierijst, salade.

Citroen-knoflookhaantje

(Foto rechts)

2 braadkuikens (diepvries, 800-1000 g per stuk)	bij kamertemperatuur laten ontdooien, het zakje met ingewanden en de hals eruit nemen
8 teentjes knoflook	pellen, kneuzen, met
sap van 1 citroen 1 tl zout 4 el olie	vermengen, de haantjes hiermee van binnen en buiten bestrijken, de haantjes stevig in aluminiumfolie wikkelen, 30 minuten laten intrekken
2 zurige appels	wassen, in vieren snijden, klokhuis wegsnijden
1 citroen	wassen, schillen
1 bosje peterselie	wassen, droogdeppen de haantjes vullen met de stukken appel, citroenschil en peterseliestengels vleugels en poten met keukengaren om de romp binden de haantjes op de draaispies steken de spies onder de voorverwarmde grill hangen, 30-35 minuten grillen
1 bekertje zure room	met
1 tl rozemarijn zout	vermengen, de haantjes daarmee bestrijken, nog 5 minuten grillen tot de haantjes goed bruin zijn de gare haantjes van de spies halen, in helften snijden, de vulling eruit halen de haantjes op een voorverwarmde schaal leggen
grilltijd:	35-40 minuten.
Erbij:	stokbrood of pommes frites, gemengde salade.

Majoraanhaantje met groenten

(Foto links)

1 schoongemaakt haantje (circa 1,5 kg)	in vieren snijden, met
zout	
peper	inwrijven
2 teentjes knoflook	pellen en snipperen, met
50 g zachte boter	vermengen, het vlees daarmee bestrijken, met
2-3 el gehakte majoraanblaadjes	in een beboterde ovenschaal leggen, de schaal op het rooster in de voorverwarmde oven zetten na ongeveer 20 minuten oventijd een deel van
2,5 dl witte wijn	toevoegen, verdampt vocht regelmatig door witte wijn vervangen
1-2 groene paprika's (circa 250 g)	
1-2 rode of gele paprika's (circa 250 g)	halveren, steel, zaad en zaadlijsten verwijderen, paprika wassen, in reepjes snijden
500 g vleestomaten	met kokend water begieten, in koud water laten schrikken, ontvellen, de tomaten in vieren snijden, de kroontjes wegsnijden de paprikareepjes na ongeveer 40 minuten oventijd aan het vlees toevoegen, na nog 5 minuten de tomaatstukken toevoegen, met de paprikareepjes vermengen het majoraanhaantje met de groente nog ongeveer 10 minuten laten bakken
1-2 el gehakte majoraanblaadjes	over de groenten strooien
oven op:	ongeveer 225 graden
baktijd:	ongeveer 60 minuten.

Gevulde eend

(Foto onder, in de römertopf)

1 schoongemaakte eend (circa 1,5 kg)	van binnen met
zout	inwrijven
2-3 zurige appels	schillen, in vieren snijden, klokhuis verwijderen
50 g rozijnen	uitzoeken de eend met appel en rozijnen vullen, de vulling eventueel met
suiker	op smaak brengen, de eend dichtnaaien, van buiten met zout,
peper	inwrijven, in de in water geweekte römertopf leggen, met het deksel erop in de oven zetten de gare eend in delen snijden, met de vulling op een voorverwarmde schaal leggen, het braadvocht op smaak brengen, erbij geven
oven op:	200-225 graden
baktijd:	1½ à 2 uur.

Wilde eend met tijm

(Foto onder)

1 kg aardappelen van gelijke grootte	wassen, met wat zout in zoveel
water	aan de kook brengen dat ze onder staan, in 15-20 minuten gaar laten koken, afgieten, meteen pelllen, met
3 el tijmblaadjes	
1 tl gehakte rozemarijnblaadjes	
zout	bestrooien, met
1 el olijfolie	besprenkelen
1 schoongemaakte wilde eend (circa 2 kg)	van binnen en buiten met zout inwrijven, met een deel van de kruidenaardappelen vullen, de rest apart zetten de eend met de rug omlaag in een met water omgespoelde braadslee leggen, op het rooster in de voorverwarmde oven zetten
2 middelgrote uien	pellen, in vieren snijden, aan de eend toevoegen de eend tijdens het bakken af en toe onder de poten en de vleugels inprikken zodat het vet kan ontsnappen na ongeveer 30 minuten bakken het verzamelde vet afscheppen wanneer het braadvet bruin wordt wat
heet water	toevoegen, de eend af en toe met het braadvocht bedruipen, verdampt vocht regelmatig vervangen 15 minuten voor het einde van de braadtijd de rest van de aardappelen bij de eend leggen de gare eend in delen snijden, met de aardappelen op een voorverwarmde schaal leggen, met
rozemarijn- of tijmtakjes	garneren, het braadvocht apart erbij geven
oven op:	ongeveer 225 graden
baktijd:	ongeveer 100 minuten.

Gebraden eend met rijstvulling

(Foto rechts)

	Voor de vulling
1 l water	met
wat zout	aan de kook brengen
125 g rijst	toevoegen, aan de kook brengen, de rijst 10-12 minuten koken (moet nog korrelig zijn), uit laten lekken
3 uien	pellen en snipperen
2 wortelen	schoonmaken, schrappen, wassen, in schijfjes snijden
1 appel	schillen, klokhuis wegsnijden, appel in stukjes snijden
30 g boter	verhitten, uisnippers wortel en appel daarin even bakken, af laten koelen

gekookte organen (hart, maag, lever)	kleinsnijden
1 bosje peterselie	onder de koude kraan afspoelen, droogdeppen, de blaadjes fijnhakken het orgaanvlees met de peterselie, de rijst,
1 tl gehakte salie wat majoraan 1 ei	vermengen, het ui-wortel-appelmengsel erdoor mengen met
zout peper	op smaak brengen
1 schoongemaakte eend (circa 2 kg)	van binnen en buiten met zout, peper, majoraan inwrijven, met het mengsel vullen, de eend dichtnaaien op het rooster van een met water omgespoelde braadslee leggen, op de onderste richel van de oven zetten de eend tijdens het braden af en toe onder de vleugels en de poten inprikken zodat het vet kan ontsnappen, eventueel afscheppen zodra het braadvocht bruin wordt wat
heet water	toevoegen, de eend braden
1 el heet water	met
2 el honing	vermengen, de eend ongeveer 30 minuten voor het einde van de braadtijd met dit mengsel bestrijken de gare eend in delen snijden, op een voorverwarmde schaal leggen, warm houden het aanbaksel met water loskoken, door een zeef gieten, eventueel ontvetten
2 el maizena	door
4 el koud water	roeren, het braadvocht hiermee binden, met zout, peper op smaak brengen
oven op:	ongeveer 200 graden
baktijd:	ongeveer 2 uur.

St.-Maartensgans met majoraanappels

(Foto boven, 6-8 personen)

Van

1 schoongemaakte gans met hals en ingewanden (4,5-5 kg) eventueel vet wegsnijden, de hals afsnijden, kleinsnijden, met de ingewanden apart leggen
de gans van binnen met
zout inwrijven, poten en vleugels met keukengaren aan de romp vastbinden
1 kg appels schillen, in vieren snijden, klokhuis verwijderen
30 g majoraan onder de koude kraan afspoelen, droogdeppen, de blaadjes van de steeltjes halen, de gans met majoraan en appelstukken vullen, dichtnaaien
de gans met de borst omlaag in de braadslee leggen, in de voorverwarmde oven zetten
4 uien (circa 200 g) pellen, grof snijden, met de kleingesneden ganzehals en de ingewanden in de braadslee leggen
zodra het braadvet bruin wordt een deel van
1 l gezouten water toevoegen, na ongeveer 1 uur braadtijd de gans omkeren, af en toe met braadvocht bedruipen, verdampt vocht met water aanvullen
de gans tijdens het braden af en toe

	onder de vleugels en de poten inprikken zodat het vet kan ontsnappen wanneer de gans gaar is het keukengaren verwijderen, de gans in stukken snijden, warm houden het aanbaksel met
wat water	loskoken, eventueel met water aanvullen, door een zeef gieten, met zout op smaak brengen
oven op:	200-225 graden
baktijd:	3-3,5 uur.
Erbij:	rode kool, tamme kastanjes, aardappelpuree.

Eend met sinaasappelschijfjes

(Foto rechts)

	Van
1 kleine eend (1,5-2 kg)	eventueel loshangende huid afsnijden, van binnen met
zout	inwrijven, vleugels en poten met keukengaren aan de romp vastbinden buik- en halsopening met houten prikkers dichtsteken, de eend met
paprikapoeder	inwrijven, op de draaispies steken, onder de voorverwarmde grill hangen na ± 20 minuten het uitgelekte vet met
1 tl zout	
peper	vermengen, tijdens het grillen de eend af en toe daarmee bestrijken
2 sinaasappels	schillen, in schijven snijden, na ongeveer 30 minuten in 4 porties onder de grill leggen
schil van 1 sinaasappel	afraspen, met
2 el grand marnier	vermengen, de eend tegen het einde van de grilltijd daarmee bestrijken de eend van de spies halen, met de sinaasappelschijven warm houden, het uitgelekte braadvocht (eventueel wat vet eraf scheppen) met water tot 2,5 dl aanvullen, loskoken, de geraspte sinaasappel uitpersen, het sap toevoegen
1 volle el maizena	door
2 el koud water	roeren, het braadvocht daarmee binden, de saus met zout,
peper	op smaak brengen de eend in delen snijden, met de sinaasappelschijven,
peterselie	garneren, de saus er apart bij geven
grilltijd:	afhankelijk van de grootte van de eend 60-90 minuten.
Erbij:	aardappelcroquetten, rode kool.

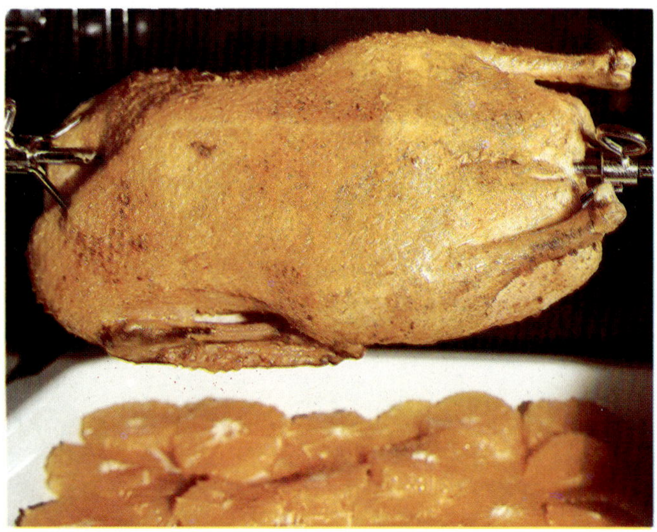

Gebraden eend

(Foto onder)

1 schoongemaakte eend (circa 1,5 kg)	van binnen met
zout	inwrijven, met de rug omlaag op het rooster van een met water omgespoelde braadslee leggen, op de onderste richel van de oven zetten, tijdens het braden af en toe onder de vleugels en de poten inprikken zodat het vet beter kan ontsnappen
	na 30 minuten braden het verzamelde vet afscheppen
	zodra het braadvet bruin wordt wat
heet water	toevoegen, de eend af en toe met braadvet bedruipen, verdampt vocht door water vervangen
	10 minuten voor het einde van de braadtijd de eend met
koud gezouten water	bestrijken, de oven op een hoge stand zetten zodat het vel knapperig wordt
	de gare eend in delen snijden, op een voorverwarmde schaal leggen, warm houden
	het braadvocht met water loskoken, door een zeef gieten, met water aanvullen, aan de kook brengen
1-2 afgestreken el maizena	door
2 el koud water	roeren, het braadvocht hiermee binden, de saus met zout,
peper	op smaak brengen
oven op:	200-225 graden
baktijd:	ongeveer 1 3/4 uur.
Erbij:	rode kool, appelschijven met cranberrycompôte.

Eend met groente

(Foto rechts)

2-2,5 l water	met
2,5-3 dl sojasaus	aan de kook brengen

1 schoongemaakte eend (circa 2 kg)	toevoegen, aan de kook brengen, ongeveer 40 minuten laten koken, tijdens het koken een keer omdraaien de eend uit de bouillon nemen, het vlees van de beenderen halen, in grote stukken snijden, af laten koelen, 3,75 dl van de eendebouillon afmeten
200 g worteltjes	schoonmaken, schrappen, wassen, in reepjes snijden, van
2 rode en 2 groene paprika's	steel, zaad en zaadlijsten verwijderen, paprika's wassen, in reepjes snijden
250 g taugé	wassen, uit laten lekken
125 g champignons	schoonmaken, wassen, in schijfjes snijden
frituurvet	in de friteuse tot 180 graden verhitten, het eendevlees daarin frituren, op keukenpapier uit laten lekken, in reepjes snijden, op een grote schaal leggen, warm houden

	na elkaar de groenten frituren, in een pan doen, de eendebouillon toevoegen, aan de kook brengen
1 el maizena	door wat
koude bouillon	roeren, de groenten daarmee binden
2 el sojasaus	toevoegen, met
zout	op smaak brengen, de groenten rond het eendevlees leggen
frituurtijd voor:	
het vlees:	3-4 minuten
de wortelen:	ongeveer 2 minuten
de paprika:	ongeveer 1 minuut
de champignons:	ongeveer 1/2 minuut
de taugé:	ongeveer 1/2 minuut.
Erbij:	rijst.

Eend, pikant

(Foto boven, in de römertopf)

	Van
1 schoongemaakte eend (circa 2 kg)	de vleugels afsnijden, de eend uitbenen (de huid niet beschadigen), van binnen met
zout	inwrijven
250 g peren (uit blik)	
250 g gekookte abrikozen	uit laten lekken, de vruchten op het vlees leggen, het vlees oprollen, dichtnaaien, van buiten met zout bestrooien, met
wat tijm	
paprikapoeder	bestrooien, de eend in de in water geweekte römertopf leggen, met het deksel erop in de oven zetten de gare eend in delen snijden, op een voorverwarmde schaal leggen, warm houden van het braadvocht het vet afscheppen, wat water eraan toevoegen, aan de kook brengen
1 el maizena	door
2 el koud water	roeren, het braadvocht daarmee binden, de saus met
zout, peper	op smaak brengen.
oven op:	200-225 graden
baktijd:	ongeveer 80 minuten.

Eend met lente-uitjes

(Foto rechts)

2-3 bosjes lente-uitjes	schoonmaken, het donkere groen tot op 15 cm afsnijden, de uitjes eventueel pellen, wassen, droogdeppen
40 g boter	verhitten, de uitjes daarin glazig bakken
30 g suiker	erover strooien, voorzichtig roerend laten smelten
2 el sojasaus	toevoegen, met
zout	op smaak brengen, af laten koelen
1 schoongemaakte eend met organen	van binnen en buiten met zout inwrijven, de hals eruit snijden, de overstekende huid naar onderen buigen zodat de halsopening gesloten is, de lente-uitjes in de eend leggen (het groen moet nog iets te zien zijn), de poten met keukengaren tegen de romp binden de eend met het bakvet van de uitjes bestrijken, met de rug omlaag in een braadslee leggen, de ingewanden erbij leggen, in het midden van de voorverwarmde oven zetten na ongeveer 15 minuten
1,25 dl kokend water	toevoegen
2 el sojasaus	met
3 el droge sherry	
1/2 tl verse geraspte gember	vermengen, na nog 30 minuten in de braadslee gieten, de eend gaar laten worden de gare eend op een voorverwarmde schaal leggen (draden verwijderen), warm houden, het aanbaksel met
1,25 dl kokend water	loskoken, door een zeef gieten, ontvetten, wat in laten koken
1 bekertje crème fraîche	erdoor roeren, de saus met zout,
sojasaus, sherry	op smaak brengen
1 schijfje verse gemberwortel	schillen, in fijne reepjes snijden, door de saus roeren, bij de eend serveren
oven op:	ongeveer 200 graden
baktijd:	90-120 minuten.
Erbij:	rijst met champignons.

Gebraden eend met knoflook

(Foto links, 4-6 personen)

1 schoongemaakte eend (circa 2 kg)	van binnen en buiten met
zout	inwrijven
2 schijfjes verse gemberwortel	schillen, snipperen
2 teentjes knoflook	
2 sjalotjes	beide ingrediënten pellen, snipperen de 3 ingrediënten met
2 el vloeibare honing	
1,5 el sojasaus	
geraspte schil van 1/2 sinaasappel	
1/4 tl kaneel	
1,25 dl kippebouillon	goed vermengen, aan de kook brengen, kort opkoken, ongeveer 3 minuten af laten koelen de onderste opening van de eend dichtnaaien, in een pan leggen, de nog hete vloeistof door de halsopening in de eend gieten, dichtnaaien de eend met de rug omlaag op het rooster in de voorverwarmde oven leggen of in een grote braadslee in de voorverwarmde oven zetten, ongeveer 20 minuten aanbraden, tijdens het braden af en toe onder de vleugels en de poten inprikken zodat het vet beter kan ontsnappen zodra het braadvet bruin wordt wat
heet water	toevoegen, verdampt vocht vervangen
3 el vloeibare honing	met
1,5 el sojasaus	
1 el azijn	
zout	
peper	goed vermengen, de eend tijdens het braden af en toe met het mengsel bestrijken de gare eend uit de oven halen, de dichtgenaaide hals opensnijden, de vloeistof uit de eend in een schaal gieten, bij de eend geven, het braadvocht ontvetten, door een zeef gieten, over de eend sprenkelen, meteen serveren
oven op:	voor het aanbraden ± 200, daarna ± 175 graden
baktijd:	ongeveer 1 3/4 uur.
Tip:	na ongeveer 30 minuten braden 250 g gepelde sjalotjes aan de eend toevoegen.

Wilde eend met appel

(Foto onder)

1 schoongemaakte eend (met organen 2-2,5 kg)	van binnen en buiten met
zout	
peper	
oregano	inwrijven, samen met de organen (zonder de lever) met de rug omlaag in een braadslee leggen, in de voorverwarmde oven zetten, tijdens het braden af en toe onder de vleugels en de poten inprikken zodat het vet beter kan ontsnappen, de eend ongeveer 45 minuten braden, uit de oven halen, op een voorverwarmde schaal leggen, warm houden
250 g sjalotten	
1 ui	
1 teentje knoflook	de drie ingrediënten pellen, snipperen
1 Chinese kool (circa 600 g)	schoonmaken, halveren, wassen, in reepjes snijden het braadvocht wat ontvetten, op het vuur verhitten, sjalot, ui en knoflook daarin fruiten, de koolreepjes toevoegen, naar de rand van de pan schuiven
75 g doorregen spek	in dunne plakjes snijden, in het midden van de pan leggen, de eend erop leggen, in de oven zetten, braden, de groente af en toe omscheppen
4 grote zurige appels (circa 650 g)	schillen, in vieren snijden, klokhuis verwijderen, in schijven snijden, na ongeveer 30 minuten aan de eend toevoegen, meebakken
oven op:	ongeveer 250 graden
baktijd:	ongeveer 90 minuten.

Eend met kruidensaus

(Foto onder)

2 jonge schoongemaakte eenden (elk 1-1,5 kg)	met
zout versgemalen zwarte peper ¹/₂ tl gemalen absintalsem 1 tl majoraan 1 tl tijm 1 tl basilicum	inwrijven met de rug omlaag in een met koud water omgespoelde braadslee leggen, in de voorverwarmde oven zetten na ongeveer 60-80 minuten de eenden uit de oven halen, de borstfilets eruit snijden, in aluminiumfolie wikkelen, warm houden de eenden weer in de oven zetten, nog ongeveer 10 minuten braden de gare eenden in delen snijden de borstfilets dwars in ongeveer 1 cm dikke schijven snijden, met de stukken eend op een voorverwarmde schaal leggen, warm houden het braadvocht ontvetten, met
wat rode wijn	loskoken, door een zeef gieten
1-2 afgestreken el maizena	met
2 el koud water	aanroeren, het braadvocht hiermee binden, de saus met zout, peper,
majoraan tijm basilicum	op smaak brengen
oven op:	ongeveer 225 graden
baktijd:	70-90 minuten.
Erbij:	prei, aardappelkoekjes en gevulde uien.

Eend met druivensaus

(Foto boven)

1 schoongemaakte eend (circa 2 kg)	van binnen en buiten met
zout	
versgemalen peper	
majoraan	inwrijven, vleugels en poten met keukengaren tegen de romp binden de eend met de rug omlaag op het rooster in een braadslee leggen
hart, maag, hals	erbij leggen, in de oven zetten de eend tijdens het braden af en toe onder de vleugels en de poten inprikken om het vet te laten ontsnappen na ongeveer 45 minuten het uitgelekte vet uit de braadslee verwijderen, wat
heet water	erin gieten, verdampt water regelmatig vervangen
250 g witte druiven	wassen, halveren, ontpitten
2 el aalbessengelei	met
4 el port	
1 mespuntje scherpe mosterd	
citroensap	vermengen, na ongeveer 75 minuten braadtijd de eend met ongeveer de helft van het mengsel bestrijken de druiven in de braadslee leggen ongeveer 10 minuten voordat ze gaar is de eend met de rest van het mengsel bestrijken van de gare eend het draad verwijderen, de eend in stukken snijden, op een voorverwarmde schaal leggen, warm houden het braadvocht met water loskoken, ontvetten, eventueel
2 el maizena	gemengd met
4 el koud water	erdoor roeren om het vocht te binden de saus met zout, peper,
port	op smaak brengen
oven op:	200-225 graden
baktijd:	ongeveer $1^{3}/_{4}$ uur.

Gebraden duiven

(Foto rechts)

4 schoongemaakte duiven	(de buik dwars insnijden) van binnen met
zout	inwrijven, de hals naar achteren leggen, de vleugels zo samenbuigen dat een daarvan de hals tegenhoudt maag, hart en lever schoonmaken, wassen, met
1 el boter	in de buik leggen, beide poten in de buik steken de duiven in een met water omgespoelde braadslee leggen, in de voorverwarmde oven zetten zodra het braadvet bruin wordt een deel van
1,25 dl heet water	toevoegen, de duiven af en toe met braadvocht bedruipen, verdampt vocht regelmatig vervangen de gare duiven op een voorverwarmde schaal leggen, warm houden het braadvocht met water loskoken
3 el zure room	toevoegen, eventueel nog wat water toevoegen, aan de kook brengen
wat maizena	met
wat koud water	aanroeren, het braadvocht daarmee binden, de saus met zout op smaak brengen
oven op:	200-225 graden
baktijd:	45-60 minuten.
Variatie:	maag, hart en lever fijnhakken, met 1 geweekte, goed uitgeknepen witte boterham, 1 ei, zout, nootmuskaat, gehakte peterselie vermengen, de vulling in de duiven stoppen, dichtnaaien.

Parelhoen in tonijnsaus

1 schoongemaakt parelhoen (circa 1,5 kg)	in een pan leggen (de pan moet zo groot zijn dat het hoen er precies in past)
water	erbij gieten, wat
zout	toevoegen, aan de kook brengen, afschuimen
1 bosje soepgroente	schoonmaken
1 bosje peterselie	
15 g verse basilicum	
	de drie ingrediënten wassen, toevoegen, aan de kook brengen, in 45-60 minuten (afhankelijk van de leeftijd van het dier) gaar koken, het gare hoen in de bouillon af laten koelen, uit de bouillon nemen, in delen snijden, de huid verwijderen, de stukken vlees op een schaal leggen

15 g verse basilicum	wassen, de blaadjes eraf halen, op het vlees leggen
	voor de saus
1 eierdooier	met
1 tl mosterd	
2 tl azijn	
zout, peper	tot een dik mengsel kloppen
150 g tonijn (uit blik)	uit laten lekken, het eimengsel langzaam door
1 dl olijfolie	kloppen
2 hardgekookte eieren	pellen, samen met de tonijn en
1 el kappertjes	zeer fijn hakken, door de mayonaise roeren, met
citroensap	op smaak brengen, eventueel
witte wijn	erdoor roeren, de saus over het vlees gieten, met
stukjes tomaat	
schijfjes citroen	garneren
Erbij:	stokbrood.

Patrijs met rode-wijnsaus

4 schoongemaakte patrijzen (elk circa 200 g)	van binnen en buiten met

zout	
peper	inwrijven, met behulp van keukengaren in
60 g spekplakjes	wikkelen
40 g boter	verhitten, de patrijzen daar goed in aanbraden
1 ui	pellen, in vieren snijden, toevoegen, kort meebakken
5 jeneverbessen	
wat salie	
1,25 dl	
rode wijn	toevoegen, het vlees laten smoren, af en toe met het vocht bedruipen, eventueel verdampt vocht door water vervangen de gare patrijzen van het keukengaren ontdoen, halveren, op een voorverwarmde schaal leggen, warm houden het met water losgekookte braadvocht door een zeef gieten, aan de kook brengen
1 tl maizena	met
4 el zure room	vermengen, het braadvocht hiermee binden, de saus met zout, peper,
suiker,	
rode wijn	op smaak brengen
kooktijd:	45-60 minuten.
Erbij:	aardappelpuree, spruitjes.

Patrijzen Dolma

(Foto onder)

4 schoongemaakte	
patrijzen	met
zout	
versgemalen	
peper	
oregano	inwrijven, met
gevulde	
wijnbladeren	
(uit blik)	vullen, de patrijzen steeds met 1 van
4 ingelegde	
wijnbladeren	omwikkelen, dan steeds in 2 van
8 plakjes	
rookspek	wikkelen, in een met koud water omgespoelde braadslee leggen, in de voorverwarmde oven zetten zodra het braadvet bruin wordt een deel van
1,25 dl	
rode wijn	
40 g	
gesmolten	
boter	toevoegen, het vlees af en toe met het braadvocht bedruipen, verdampt vocht regelmatig vervangen de gare patrijzen eruit nemen, op een voorverwarmde schaal leggen, warm houden het braadvocht met
2,5 dl	
zure room	aanvullen
schil	
van 1/2 citroen	toevoegen, even opkoken
2-3 el	
bramenlikeur	erdoor roeren
braadtijd:	ongeveer 45 minuten.
Erbij:	aardappelcroquetten.

Ganzeborst met sinaasappelsaus

(Foto onder)

1 kg ganzeborst (met been)	met
zout, peper	inwrijven, met de beenderen omlaag in een braadslee leggen, op het rooster in de voorverwarmde oven zetten, na 30 minuten braadtijd het verzamelde vet afgieten
2 wortelen	schoonmaken, schrappen, wassen
stukje knolselderij	schoonmaken, schillen, wassen de groenten in de braadslee leggen, kort meebakken een deel van
5 dl heet water	toevoegen, het vlees laten stoven, af en toe omkeren, verdampt vocht af en toe door water vervangen kort voor het einde van de stooftijd het vlees met het
sap van 2 sinaasappels	begieten het gare vlees van het bot halen, in plakken snijden, op een voorverwarmde schaal leggen, warm houden het braadvocht door een zeef gieten, eventueel
wat maizena	door
wat koud water	roeren, het braadvocht hiermee binden, de saus met zout, peper op smaak brengen
oven op:	200-225 graden
baktijd:	ongeveer 90 minuten (afhankelijk van de leeftijd van het dier).

Kalkoenrollade met paddestoelen

(In de römertopf)

Circa 1 kg kalkoenrollade	met
zout versgemalen peper tijm	inwrijven, in de in water geweekte römertopf leggen
500 g champignons (uit blik)	uit laten lekken, het vocht bewaren, de champignons aan het vlees toevoegen, de römertopf met het deksel erop in de oven zetten 30 minuten voor het einde van de braadtijd het champignonvocht toevoegen, de römertopf weer sluiten, de kalkoenrollade gaar laten worden het vlees in plakken snijden met de champignons op een voorverwarmde schaal leggen, warm houden
1 tl maizena	in
1 el koud water	oplossen, het braadnvocht daarmee binden
oven op:	200-225 graden
baktijd:	ongeveer 90 minuten.
Erbij:	aardappelcroquetten of peterselie-aardappelen.

Kalkoenrollade, gegrilld

1 kalkoenrollade (circa 1 kg)	op het draaispit schuiven
1 el olie	met
zout versgemalen witte peper paprikapoeder	vermengen, eventueel wat
mosterd	toevoegen, het vlees hiermee bestrijken tijdens het grillen het vlees af en toe met het uitgelekte vet bestrijken
grilltijd:	afhankelijk van de dikte van het braadstuk 45-60 minuten de gare kalkoenrollade enigszins laten afkoelen, in plakken snijden.
Erbij:	stokbrood, boter, bleekselderijsalade met appel.

Informatie

Vis

Vis kopen

Vis is een uitstekende leverancier van eiwit en zou vaker op tafel gezet moeten worden; dit niet alleen vanwege de gezondheid, maar ook omdat het heerlijk eten is. Goed bereide vis is een culinair genoegen.

Voor het kopen van vis moeten we echter weten hoe een verse en kwalitatief goede vis eruitziet, zodat het eten van vis geen teleurstelling maar een genoegen is.
Vis kan niet lang van tevoren worden gekocht, behalve om in te vriezen. Vis moet zo vers mogelijk bereid en gegeten worden.

Een verse vis herkennen we in de eerste plaats met onze neus: hij moet aangenaam van geur zijn en mag dus niet 'naar vis ruiken'.

Andere uiterlijke kenmerken van verse vis zijn:
glanzende, heldere ogen
gladde, aanliggende schubben
donkerrode kieuwen
soepel wit vlees.

Vis is ten hoogste een dag na aankoop in een in azijn gedrenkte doek in de koelkast of in een koele kelder te bewaren.

De beste eetbare zoet- en zoutwatervissen

Zoetwatervis

Aal: het leven van de aal begint in de Saragossazee, ten zuiden van Bermuda. Daarvandaan zwemmen de jonge aaltjes over een afstand van 4000 km naar de Europese rivieren, waar ze tot hun kenmerkende vorm groeien.
Uiterlijk: langgerekt, met een donkere rug en een zilverwitte buik.
Grootte en gewicht: mannelijke aal tot 50 cm lengte en 200 gram; vrouwelijke aal tot 1,5 m lengte en 6 kg.
Toepassing in de keuken: gebakken, gekookt met dillesaus, als aalsoep en gerookt.

Baars: deze smakelijke roofvis komt voor in stilstaand, maar ook in stromend water in Midden-Europa.
Uiterlijk: gedrongen, groenachtig glanzend lichaam met duidelijke dwarsstrepen, hoge rug met een aan de voorkant stekelachtige rugvin.
Grootte en gewicht: tot 50 cm lengte, tot 3 kg gewicht.
Toepassing in de keuken: in wijn gestoofd met kruidensaus, gemarineerd, gebakken en gevuld.

Barbeel: een door vissers en fijnproevers zeer gewaardeerde vis uit de karperfamilie, die te vinden is in stromend water met voldoende zuurstof.
Uiterlijk: slank, op de rug olijfgroen, opzij groengeel; langwerpige kop, vooruitstekende bovenkaak met vier baardharen.
Grootte en gewicht: tot 90 cm lengte, tot 8 kg gewicht.
Toepassing in de keuken: gebakken, gestoofd met groenten en kruiden, gemarineerd.

Brasem: deze smakelijke maar veel graten bevattende vis is te vinden in langzaam stromende rivieren met zachte grond, maar ook in ondiep water van meren.
Uiterlijk: zijdelings samengedrukt smal lichaam met een hoge rug en gepaarde vinnen.
Grootte en gewicht: tot 70 cm lengte, tot 7 kg gewicht.
Toepassing in de keuken: gekookt of gebakken.

Forel: de geliefde zoetwatervis uit de zalmfamilie, die van koel, stromend en helder water houdt, maar ook gekweekt wordt. Hij komt in verschillende vormen voor; het bekendst zijn de regenboogforel, de beekforel en de zeeforel.
Uiterlijk: de regenboogforel met de typische rozekleurige band op de zijden; de beekforel met de bruinachtige rug met ronde zwarte en rode punten; de zeeforel met een gestrekt lichaam en vetvinnen.
Grootte en gewicht: regenboogforel tot 50 cm lengte, tot 3 kg gewicht; beekforel tot 50 cm lengte, tot 3 kg gewicht; zeeforel tot 80 cm lengte, tot 15 kg gewicht.
Toepassing in de keuken: gekookt, gebakken, met spek gebakken, gevuld, gerookt, gemarineerd en als salade.

Karper: deze vis leeft het liefst in zijarmen van rivieren en in warme meren. De karper wordt al sinds de Middeleeuwen in vijvers gekweekt.
Uiterlijk: krachtig lichaam met hoge rug, een grote rugvin en vier baardharen.
Grootte en gewicht: tot 1 m lengte, tot 25 kg gewicht.
Toepassing in de keuken: gekookt, gelardeerd, gebakken, gevuld, gestoofd, in vissoep, gemarineerd en in gelei.

Snoek: deze roofvis leeft meestal alleen en is in stilstaand moerasgebied maar ook in stromend water aan te treffen.
Uiterlijk: lang, slank lichaam met ver naar achteren staande rugvin, een eendachtige bek met veel puntige tanden.
Grootte en gewicht: mannelijke snoek tot 90 cm lengte, tot 25 kg gewicht; vrouwelijke snoeken tot 1,5 m lengte, tot 25 kg gewicht.
Toepassing in de keuken: gestoofd, gevuld en gebakken.

Snoekbaars: in diepe, troebele wateren met zandachtige grond, maar ook in langzaam stromende rivieren is de snoekbaars te vinden.
Uiterlijk: langgerekt lichaam met donkere, grijsbruine rug, de zijden groenachtig, een krachtig roofdiergebit.
Grootte en gewicht: tot 1 m lengte, tot 10 kg gewicht.
Toepassing in de keuken: gekookt, gebakken, in de oven, gestoofd met groenten en kruiden, als vispastei of vissoufflé.

Vlagzalm: voelt zich thuis in helder, stromend water. Komt in Noord-Europa, maar ook in meren voor.
Uiterlijk: gestrekt, licht-donkergespikkeld lichaam met grote rugvin; ruikt aangenaam naar tijm.
Grootte en gewicht: tot 50 cm lengte, tot 1 kg gewicht.

Toepassing in de keuken: gegrilld, gebakken (eventueel met spek) of gekookt.

Zeelt: komt voor in zijrivieren, dichtgegroeide meren en langzaam stromende wateren.
Uiterlijk: krachtig lichaam dat groen tot koperachtig glanst en overtrokken is met een dikke slijmhuid.
Grootte en gewicht: tot 60 cm lengte, tot 7 kg gewicht.
Toepassing in de keuken: gekookt, gegrilld, in wijn gestoofd, gebakken, gekookt met dille- of roomsaus.

Zoutwatervis

Haring: deze vis voelt zich thuis in de koelere Atlantische wateren, maar ook in de Noord- en Oostzee. Door overbevissing is het aantal de laatste jaren behoorlijk afgenomen.
Uiterlijk: naar onder toe kielvormig toelopende zijden, op de rug blauwzwart, van onderen lichtgrijs tot zilverachtig met losse schubben.
Grootte en gewicht: tot 40 cm lengte, tot 500 g gewicht.
Toepassing in de keuken: gebakken, gezouten, gemarineerd, in salades, gebakken en gemarineerd (panharing), gevuld.

Heilbot: deze vis, de grootste platvis, leeft op diepten tussen de 50 en 2000 meter.
Uiterlijk: gestrekt lichaam, bezet met kleine schubben, rechtsogig, krachtig gebit.
Grootte en gewicht: tot 180 cm lengte, tot 20 kg gewicht (bij uitzondering 470 cm/350 kg).
Toepassing in de keuken: gekookt met citroensaus, Hollandse saus, paddestoelsaus, oestersaus, gebakken met kruiden, gegrilld.

Kabeljauw: vooral in het noorden van de Atlantische Oceaan te vinden; het bestand is sterk teruggelopen, daarom is de vangst aan quota onderworpen.
Uiterlijk: langgerekt lichaam van een groenachtig- bruinachtige kleur, met drie rug- en twee aarsvinnen, karakteristieke baardharen.
Grootte en gewicht: tot 1,5 m lengte, tot 40 kg gewicht.
Toepassing in de keuken: gekookt met groenten of kruiden, gestoofd, gebakken en als ovengerecht.

Koolvis: de vangstgronden van de koolvis, die op diepten van 100 tot 200 meter leeft, liggen voor de Westeuropese kusten, ten zuiden van Groenland en voor de Canadese oostkust.
Uiterlijk: langerekt groenachtig-bruinachtig lichaam, spits toelopende kop met licht vooruitstekende onderkaak.
Grootte en gewicht: tot 1,30 m lengte, tot 15 kg gewicht.
Toepassing in de keuken: gebakken met spek en uien, gestoofd met groenten en als salade.

Makreel: langs de hele Europese westkust, van Scandinavië tot Spanje, wordt de makreel gevangen.
Uiterlijk: krachtig lichaam met karakteristieke zwarte lijnen, die van de blauwe rug naar de zijden lopen, vrijwel geen schubben.
Grootte en gewicht: tot 50 cm lengte, tot 2 kg gewicht.
Toepassing in de keuken: gekookt, gebakken, gegrilld, gestoomd, gemarineerd, gerookt.

Roodbaars: deze vis leeft voornamelijk op diepten tot 2000 meter in het noorden van de Atlantische Oceaan. Hij wordt vooral gevangen bij IJsland en Groenland.
Uiterlijk: helder- tot oranjerood stevig lichaam, met een hoge rug en stekelige vinnen, ook stekelige kiewen.
Grootte en gewicht: tot 1 m lengte, tot 15 kg gewicht.
Toepassing in de keuken: gekookt, gebakken, gestoofd met groenten, in salades.

Schelvis: zijn verspreidingsgebied in de oceanen strekt zich ver naar het zuiden uit; hij is van Groot-Brittannië tot IJsland in het noorden, maar ook bij Biskaje aan te treffen. Belangrijk vangstgebied is de Noordzee.
Uiterlijk: lang stevig lichaam in kleuren van grijsgroen tot bruinachtig, met 3 rug- en 2 aarsvinnen, een vlek op de borstvin.
Grootte en gewicht: tot 60 cm lengte, tot 2 kg (bij uitzondering tot 15 kg) gewicht.
Toepassing in de keuken: gekookt, gestoofd met kruiden, gebakken, in salades.

Schol: deze vis leeft in de Atlantische Oceaan op diepten van ongeveer 200 meter. Hij wordt gevangen van IJsland en Noorwegen tot voor de Spaanse westkust.
Uiterlijk: rechtsogige platvis met grijsbruine bovenkant bezet met helderrode stippen die tot op de vinnen doorlopen.
Grootte en gewicht: tot 50 cm lengte, tot 2 kg gewicht.
Toepassing in de keuken: gekookt, met spek gebakken, gestoofd, gegrilld, gerookt, als salade.

Tarbot: deze platvis wordt gevonden langs de Europese kusten van de Atlantische Oceaan, in de Noordzee, de Oostzee, in de Zwarte Zee en de Middellandse Zee.
Uiterlijk: rond lichaam met tot de kop reikende vinnen en opvallende beenderknobbels aan de bovenkant.
Grootte en gewicht: tot 1 m lengte, tot 20 kg gewicht.
Toepassing in de keuken: gekookt, gebakken, als ovengerecht, gegrilld met kruidenboter of kruidensaus.

Zalm: de zalm, die in de Atlantische Oceaan leeft, maakt lange trekken naar de monding van rivieren. In Europa hoofdzakelijk voorkomend in Ierland, Schotland en Zweden.
Uiterlijk: langgerekt lichaam met relatief kleine kop; in zout water zijn de kop en de rug donkerblauw, de buik wit; in zoet water wordt het lichaam mat bruin- tot geelachtig.
Grootte en gewicht: mannelijke zalm tot 1,5 m lengte, 35 kg gewicht; vrouwelijke zalm tot 1,20 m lengte, 20 kg gewicht.
Toepassing in de keuken: gekookt, in folie bereid, gebakken, in paté, gemarineerd en gerookt.

Zeetong: deze platvis wordt gevonden in de warmere, ondiepere kustwateren van de Middellandse Zee tot Zuid-Scandinavië. Jonge vissen komen voor in de Waddengebieden van de Noordzee.
Uiterlijk: ovaal lichaam met ver naar voren lopende vinnen en een ronde kop, rechtsogig.
Grootte en gewicht: tot 50 cm lengte, tot 750 g gewicht.
Toepassing in de keuken: gekookt, gestoofd in roomsaus, gebakken, gegrilld, als ovengerecht.

Goed met vis omgaan

We krijgen niet altijd met kant-en-klare visfilets te maken, die geen bijzondee voorbereiding meer nodig hebben, want zo af en toe belandt er een hele vis op de keukentafel. Om in dat geval goed met de vis om te gaan, moeten we een paar regels in acht nemen.
Bijna alle zeevissen moeten van schubben ontdaan worden. Daarvoor wordt de vis met een keukenhanddoek of met keukenpapier bij de staart genomen en met een scheef gehouden keukenmes in de richting van de kop van zijn schubben ontdaan. Indien mogelijk wordt dit meteen onder de koude kraan gedaan, zodat de schubben niet door de keuken vliegen.
Er zijn speciale schubplanken die dit werk vergemakkelijken. Daarbij wordt de vis op de plank vastgeklemd, waardoor hij beter te bewerken is.
Vissen die een bijzonder zachte huid hebben of die een slijmlaag op de huid hebben worden alleen goed gewassen. Daarbij moet de vis zo weinig mogelijk aangeraakt worden om de huid niet te beschadigen. Daarna wordt de vis niet afgedroogd, maar laat men hem uitlekken.
Vooral forel en karper, maar ook aal, snoek en zeelt worden graag gekookt. De

vissen moeten dan heel voorzichtig uit de pan genomen worden om de huid niet te beschadigen, want die zorgt door het slijmlaagje in verbinding met de azijn-visbouillon of met heet azijnwater, waarmee de vis begoten wordt, voor de intensieve blauwe kleur. Dit proces heeft nog een extra voordeel, namelijk dat het zuur de vis smakelijker maakt.

Vissen die niet in hun geheel gebakken of gekookt worden, maar waar de filets van worden gebruikt, kunnen gemakkelijk gefileerd worden.

Daarvoor wordt de vis op een plank of het aanrecht gelegd. Om de ingewanden te verwijderen wordt de vis onder de kop ingesneden en dan wordt een snede in de buik tot aan de staart gemaakt (foto 1).

Daarvoor hebben we in de eerste plaats een puntig, scherp mes nodig. De kop wordt afgesneden en de ingewanden wor-

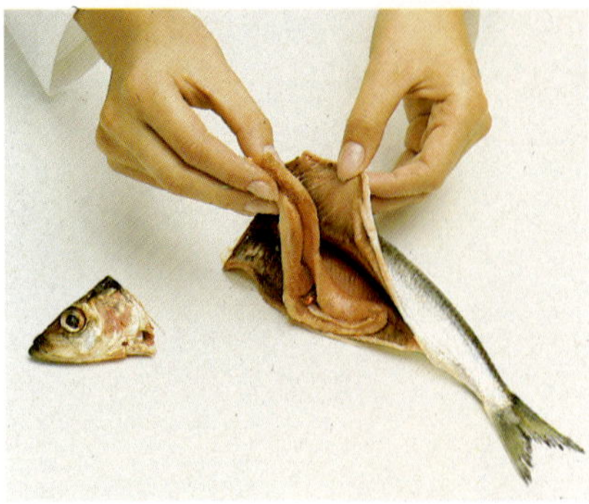
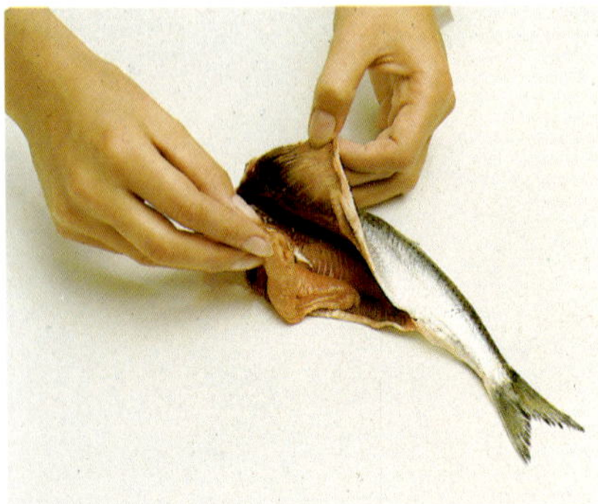
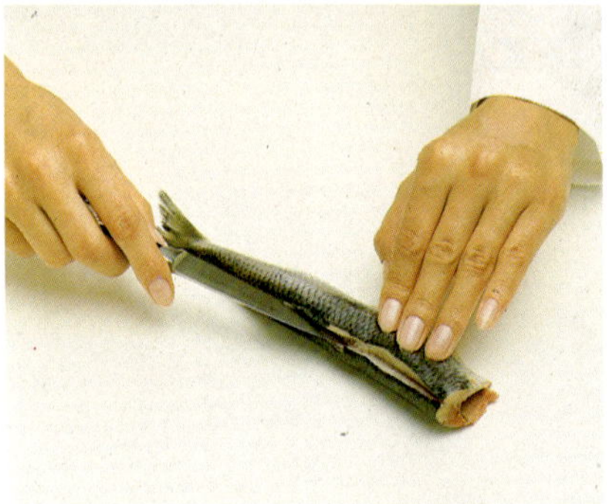
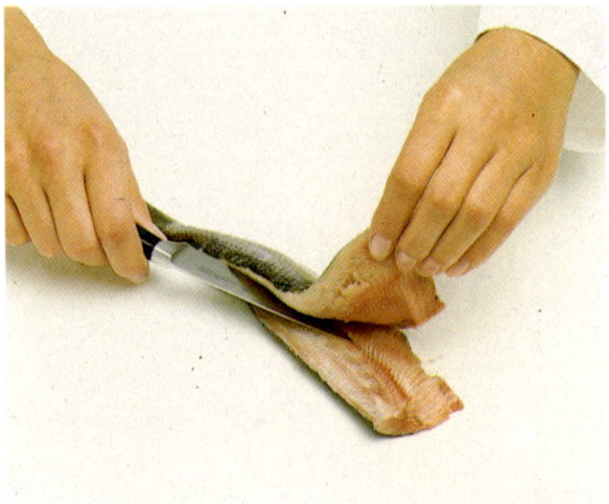

den weggenomen (zonder dat de galblaas wordt beschadigd – foto 2).
Ook de zwarte binnenhuid wordt daarbij verwijderd (foto 3).
De vis wordt nu onder de koude kraan afgespoeld en alle bloedresten worden verwijderd. Dan met keukenpapier voorzichtig droogdeppen. Ook de kiewen van zeevissen worden uitgenomen en de staart er vinnen worden afgeknipt.
Dan wordt de vis op de rug tot op de ruggegraat ingesneden (foto 4). De filet kan nu met een scherp mes over de graat van de kop naar de staart worden afgesneden. De rest van de graten moet nog uit de filet verwijderd worden (foto 5).
Om de huid te verwijderen wordt deze aan het staarteinde iets ingesneden en er vervolgens voorzichtig afgetrokken (foto 6).
Bij veel vissen wordt de huid meteen helemaal verwijderd omdat alleen de filets worden gebruikt (bijv. schol, zeetong, aal) daarvoor wordt de huid rond de staart ingesneden en er voorzichtig afgetrokken. De vis wordt nu met keukenpapier vastgehouden en de huid wordt er met rukjes afgetrokken (foto 7).
Hetzelfde gebeurt met de onderzijde, voordat het vlees met een scherp mes tot op de graat langs de ruggegraat wordt ingesneden (foto 8).
Dan wordt het vlees vanaf de kop van de graat losgesneden (foto 9).
De vis wordt nu op de andere kant gelegd en ook hier worden de filets losgesneden. Alle vier de filets –2 van de rugzijde, 2 van de buikzijde– worden voorzichtig afgesneden (foto 10).

Elke vis moet na het verwijderen van de schubben, het uitnemen en het wassen met citroensap of azijn worden besprenkeld.
Dit neemt de visgeur weg, die trouwens bij verse vis nauwelijks waarneembaar is, en verstevigt het visvlees. Azijn of citroensap moet minstens 15 minuten intrekken voordat de vis wordt bereid. Met zout wordt bij de bereiding van vis spaarzaam omgegaan. Bij gekookte vis wordt wat zout aan de bouillon toegevoegd, bij andere bereidingsmethoden wordt de vis kort voor de bereiding gezouten, zodat er geen vocht aan de vis wordt onttrokken waardoor hij te droog zou worden. Om te voorkomen dat er in de keuken een visgeur hangt, spoelt u alle keukengerei dat met de vis in aanraking is gekomen, eerst met koud water af en dan met heet water waaraan een scheutje azijn is toegevoegd.

Het bereiden van vis

Vis is lange tijd gezien als vrijdags- en vasteneten, maar staat nu culinair gezien weer in de belangstelling. Vis kan op verschillende manieren worden klaargemaakt en met kruiden en specerijen worden verfijnd.

Vis koken
Deze methode is vooral geschikt voor grote vissen, maar ook voor soorten die een slijmlaagje hebben, zoals forel en zeelt. Bij het gaar worden in kokend water krijgt de huid een blauwe kleur, waardoor de vis er bijzonder decoratief uitziet.
Het blauw kleuren kan nog versterkt worden door de vis voor het koken te begieten met azijnwater (1 deel azijn en 4 delen water). Hierdoor verdwijnt wel iets van de eigen smaak. Aan het kookwater wordt, behalve zout en verschillende smaakstoffen (peperkorrels, peterseliestengels, laurierblaadjes, wortelen, prei, ui en knoflook) ook wat azijn toegevoegd. Deze bouillon wordt aan de kook gebracht en men laat hem 20-25 minuten koken om te zorgen dat alle aroma's goed aan het water worden afgegeven voordat de vis erin wordt gelegd. Vis moet niet koken, maar gaar trekken.
De hoeveelheid bouillon is afhankelijk van de grootte van de vis; voor 1 kg vis rekenen we ongeveer 2 l bouillon. In het algemeen geldt dat kleine vissen 8-10 en grotere vissen ongeveer 20 minuten moeten trekken. De vis is gaar wanneer de vinnen er zonder moeite afgetrokken kunnen worden.
Voor het koken kan men het beste een speciale vispan gebruiken, die een langwerpige vorm heeft. Het meest geschikt is een pan met een zeefinzet, waarmee de vis er na het koken zonder moeite uitgehaald kan worden.
Vissen die geschikt zijn om te koken zijn: snoek, karper, forel, snoekbaars, zeelt, heilbot, kabeljauw, schelvis.

Vis bakken
Bij het bakken, vooral bij grote hitte, kan vis gemakkelijk te droog worden. Daarom is het beter om de vis van tevoren door bloem te halen of te paneren en hem daarna in het hete vet knapperig te bakken. Daarbij moeten we opletten dat het paneerlaagje niet aan de panbodem plakt. Daarom is aan te raden een zware pan en veel vet te gebruiken. Vissen die in hun geheel moeten worden bereid kunnen ook goed in de oven worden gebakken. Ze moeten dan tijdens het bakken af en toe met braadvocht worden bedropen.
Vissen die geschikt zijn om te bakken zijn: forel, meerforel, brasem, schol en alle soorten visfilet.

Vis stoven
Deze bereidingsmethode is ook voor grotere vissen aan te bevelen. Men verhit een stukje boter in een pan en legt de vis of de visstukken erin zodra de boter gesmolten en heet is, maar niet dampend heet. Dan wordt er wat vloeistof aan toegevoegd, het liefst wijn, en laat men de vis afgedekt gaar stoven. Hierbij kunnen ook groenten worden meegestoofd.
Soorten die geschikt zijn om te stoven zijn: barbeel, snoekbaars, schol, zeetong, filets van heilbot en tarbot.

Vis stomen
Een gezonde manier van bereiden is het stomen. De vis wordt in een inzetpan gelegd die boven de kokende bouillon

hangt, waarmee de vis niet in aanraking komt. De vis wordt gaar door de stoom. Aan de bouillon worden kruiden en dergelijke toegevoegd, die hun aroma aan de bouillon en aan de vis afgeven.
Soorten die geschikt zijn om te stomen zijn: jonge snoekbaars, zeetong, schol, filets van tarbot en heilbot.

Vis in folie
Een voor tere vissen bijzonder geschikte methode is het garen in aluminiumfolie. Daarbij is slechts weinig vet nodig en kunnen kruiden en groenten worden meegegaard. Het goed gesloten foliepakje wordt in de hete oven of in kokend water gelegd.
Soorten die geschikt zijn voor het bereiden in folie zijn: moten heilbot, schelvisfilet, roodbaars of koolvis.

Vis grillen
Vis van de houtskoolgrill is een bijzondere delicatesse voor een zomerse barbecue. De elektrische grill is natuurlijk ook uitstekend. De vis (grotere in delen, kleine vissen in hun geheel) kan het beste enkele uren in een marinade worden gelegd voordat hij in enkele minuten gegrilld wordt.
Soorten die hiervoor geschikt zijn: forel, schol, zeetong, snoekbaars, haring, filets van grotere vissen.

Vis marineren
Een van de geliefdste visgerechten is gemarineerde haring. De vis wordt daarvoor schoongemaakt, uitgenomen en goed afgespoeld. Daarna wordt de vis in een marinade van azijn of room gelegd, die met verschillende kruiden, specerijen en vruchten verfijnd kan worden.

Wild

Wat voor de bereiding moet gebeuren

Het gebeurt niet alle dagen dat we wild op tafel of in de oven krijgen, want een goed stuk wild is nog steeds vrij prijzig. Wild wordt dan ook vooral op feestdagen of bij bijzondere gelegenheden gegeten.

Hoe wild behandeld moet worden

Wild moet altijd besterven omdat het anders bij de bereiding taai wordt. Bij gevogelte moet erop gelet worden dat het borstbeen nog buigzaam is wanneer het om jong wild gaat. Bij jonge hazen zijn de oren nog niet zo stevig, deze kunnen zonder al te veel kracht ingescheurd worden; bovendien zijn de ribben nog erg breekbaar. Of het nu om grof of klein wild gaat, het kan het beste bij de vakman gekocht worden, die ervaring heeft en de koper raad kan geven.

Als een haas of een konijn nog gevild moet worden, wordt het dier aan de achterpoten opgehangen, dan wordt de huid met een scherp mes boven de poten rondom ingesneden en vervolgens snijdt men via de binnenkant van de poten tot aan de romp. Nu kan de huid er vanaf de achterpoten langzaam afgetrokken worden.
Bij wild zwijn, hert en ree zal het zelden gebeuren dat men zelf moet villen en zal het vlees meestal in delen worden gekocht. Ook gevogelte of waterwild zal meestal in de winkel worden gekocht en zal dan al schoongemaakt zijn. Als dat niet zo is, vindt dezelfde behandeling plaats als bij tam gevogelte.
Door het besterven krijgt het wild zijn typische smaak. Wie deze smaak wat milder wil maken, of een wat ouder stuk wild bereidt, legt het vlees een dag in een marinade van azijn of rode wijn waaraan specerijen, kruiden en uien zijn toegevoegd of enkele dagen in karnemelk waaraan jeneverbessen en citroen zijn toegevoegd.

Wanneer is wild te krijgen?

Wild uit de diepvries is tegenwoordig overal en vrijwel altijd te koop. Voor vers wild geldt echter: alles op zijn tijd. Zo is vlees van herten alleen te krijgen wanneer ze geschoten mogen worden, dus ongeveer van augustus tot januari.
Op reebokken wordt van mei tot oktober gejaagd, op reegeiten en jonge dieren van september tot januari.
Hazen zijn van oktober tot januari te krijgen, terwijl wilde konijnen het hele jaar door voor de loop van het geweer kunnen komen.
Ook wild zwijn is ongeveer het hele jaar door te krijgen. Voor gevogelte geldt dat de eend van juli tot december, de patrijs van augustus tot november en de fazant van september tot januari vers te krijgen zijn.

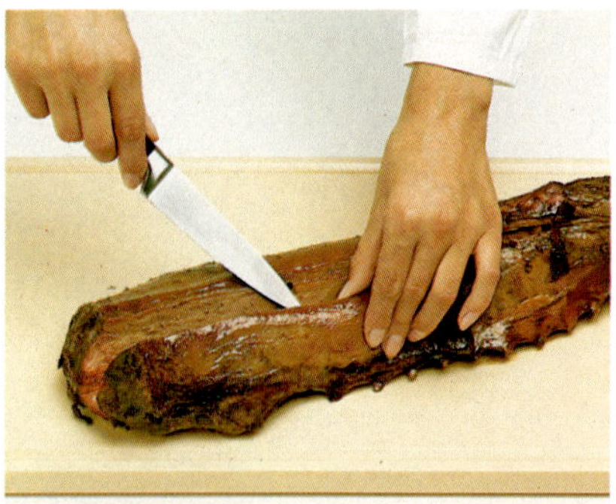

1) Voorsnijden van een reerug: de reerug met de beenderen omlaag op een plank leggen, vasthouden. In het midden tot op het been snijden, met de punt van het mes het vlees recht afsnijden.

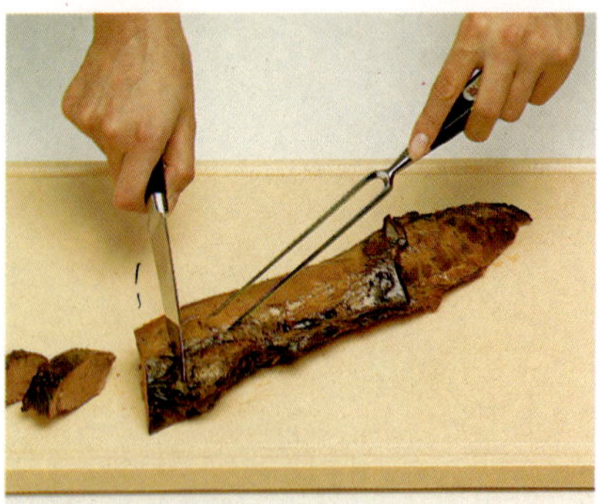

2) De filets in dwarse schijven snijden. Daarbij het vlees met de trancheervork vasthouden.

3) Voor het serveren de gesneden reerug weer op het been leggen, eventueel met gelei overtrekken en garneren.

De juiste bereiding

Wild kan bij de bereiding gemakkelijk uitdrogen, daarom hoort vet spek tot een van de meest gebruikte ingrediënten van wildgerechten.
Terwijl een reebout of een hazerug vroeger met spek doorregen werd, is men daar nu wat van teruggekomen en wordt het vlees in plaats daarvan omwikkeld of belegd met plakjes spek die na het gaar worden verwijderd worden. Bij het bereiden van hele hazen of konijnen let men erop dat de dunnere delen, die sneller gaar zijn, wat later worden toegevoegd. Een haze- of konijnerug wordt 15-20 minuten later bij de andere delen in de pan gelegd omdat deze minder tijd nodig heeft om gaar te worden dan bijvoorbeeld een poot.

De bereiding

Wild en wild gevogelte kunnen op verschillende manieren worden bereid, afhankelijk van het soort wild, de leeftijd en de persoonlijke smaak.

Wild braden
Voor deze manier van bereiden zijn jonge hazen en konijnen geschikt, maar ook delen van ree, hert of wild zwijn en fazant, patrijs en wilde eend. Stukken van oudere dieren worden eerst in een marinade of karnemelk gelegd, zodat het vlees bij het braden mals blijft.

Wild kort braden of grillen
Hiervoor zijn steaks van hert, ree en wild zwijn geschikt en ook jong gevogelte.

Wild smoren
Stukken van oudere dieren, maar ook delen van hert, ree, haas en wild zwijn die een lange bereidingstijd hebben (bijv. van de schouder) kunnen het beste in delen worden gesmoord. Ze zijn ook zeer geschikt voor de bereiding van wildpatés.

Wildmarinades
(voor circa 1 kg vlees)

I. 5 dl rode wijn met 1 dl rode-wijnazijn, 2 el uiringen, 1 laurierblad, 5 jeneverbessen, 3 kruidnagels en 5 peperkorrels vermengen.
Het vlees er 2-3 dagen in leggen.

2. 2,5 dl slagroom met 5 el olie, 5-6 el kruidenazijn, 2 el tomatenketchup, 1 el suiker, 1 tl grofgemalen zwarte peper, 1 tl gehakte kappertjes, 1/2 tl knoflookpoeder, 2 tl majoraan en 2 tl rozemarijn vermengen.
Het vlees er 3-4 dagen in leggen.

3. Het vlees met 2 el gedroogde kruiden (bonekruid, tijm, oregano, rozemarijn) bestrooien, met 4-5 el olijfolie besprenkelen, de olie er wat door kloppen, met ongeveer 5 dl witte wijn begieten. Het vlees met aluminiumfolie afgedekt 6-8 uur op een koele plaats zetten, af en toe omkeren.

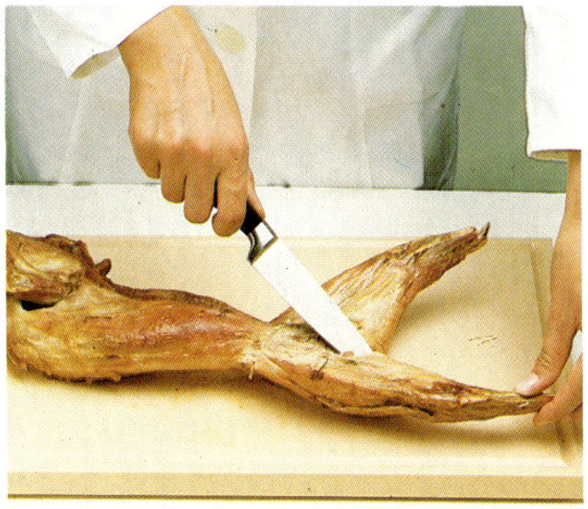

1) Voorsnijden van een haas: de haas of het konijn op de rug leggen, bij een achterpoot vasthouden. De poot schuin ten opzichte van het lichaam afsnijden, met de andere poot hetzelfde doen.

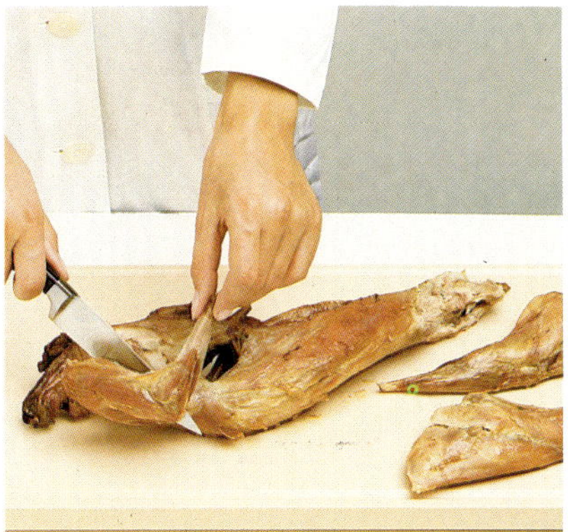

2) Een voorpoot vasthouden. Met een mes langs de schouder afsnijden. Met de andere poot hetzelfde doen. Daarbij het gewricht iets draaien en de pees doorsnijden.

3) De haas (konijn) in de lengte halveren. Eerst het rugvlees van het bot tillen (het liefst aan één stuk). Dan de rest van het vlees van het bot halen.

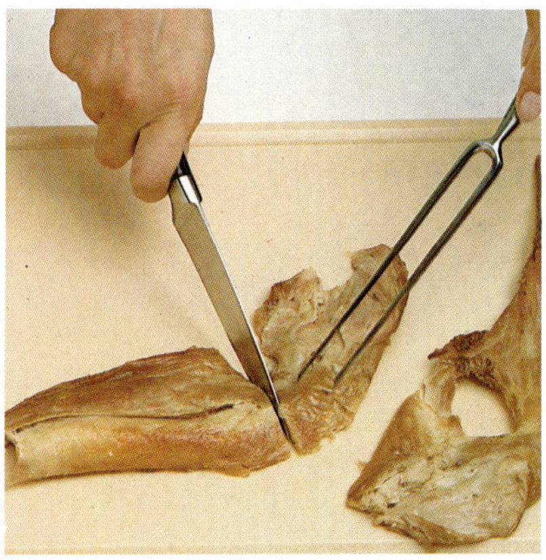

4) Het rugvlees in stukken snijden. Het andere vlees halveren. Daarbij de stukken met een trancheervork vasthouden. De voorgesneden haas of konijn op een schaal leggen. Eventueel met een saus serveren.

Gevogelte

Zet gevogelte op het menu!

In de tijd van onze grootmoeders behoorde gevogelte tot de feestgerechten: er was een gans met Kerstmis of Sint-Maarten, kalkoen of eend werden bijna nooit gegeten en kip of een haantje waren zondagsgerechten.

Tegenwoordig eten we veel meer gevogelte, dank zij het grote aanbod en de gunstiger prijzen.

Toch is de bereiding door de overal aangeboden 'kippen van de grill' wat eentonig geworden. Het is echter de moeite waard het repertoire aan gevogelterecepten uit te breiden, want gevogeltevlees is zacht en licht verteerbaar en bovendien zijn er vele en heerlijke gerechten mee te maken.

Diepvriesgevogelte

Tegenwoordig hebben we voor een groot deel met ingevroren gevogelte te maken. Bij het kopen moet erop gelet worden dat een soepkip of braadkuiken uit de diepvries absoluut stevig is (zachte plekken wijzen op een verkeerde manier van bewaren), dat er op het oppervlak geen vriessneeuw ligt en dat de huid geen droge plekken of lelijke vriesplekken vertoont.

Natuurlijk mag ook de houdbaarheidsdatum nooit worden overschreden.

Gevogelte uit de diepvries wordt ontdooid door het uit de verpakking te halen en het in een afgedekte porseleinen of glazen schaal te leggen. Het bij het ontdooien vrijkomende vocht moet weggegooid worden en mag niet in contact komen met andere levensmiddelen omdat veel gevogelte uit de diepvries tegenwoordig salmonella-bacteriën bevat, die pas door hitte-inwerking onschadelijk worden. Voor de bereiding wordt gevogelte goed onder de koude kraan afgespoeld en daarna drooggedept. Het spreekt vanzelf dat eenmaal ontdooid vlees niet meer kan worden ingevroren.

Vers gevogelte

Vers gevogelte moet niet meteen na het slachten worden bereid, men moet het eerst minstens 24 uur laten liggen. Het is in de koelkast tot 2 dagen houdbaar.

Nog een paar tips voor de koop van vers gevogelte:

Jonge haantjes zijn te herkennen aan de buigzame poten, aan het vrij zachte borstbeen en, als ze met de kop worden verkocht, aan de korte helrode kam.
Soepkippen moeten een strakke huid en niet te weinig geel vet hebben.
Jonge duiven hebben een kleine kop en een witte huid.
Als de kop van een gans of een eend bijzonder hard is, hebben we met een oud dier te maken. Het is een goed teken wanneer de poten lichtgeel zijn en de zwemvliezen gemakkelijk scheuren.
Bij jonge kalkoenen zijn de lellen aan de kop en de hals niet te donker en de poten nog niet dieprood.

Wat voor de bereiding komt

In de meeste gevallen zal gevogelte schoongemaakt, dat wil zeggen geplukt en uitgenomen, worden gekocht. Maar het kan gebeuren dat een kip of een eend nog geplukt moet worden. Daarvoor moet men de belangrijkste handelingen kennen.

Hoe vroeger een dier na het slachten geplukt wordt hoe beter, want wanneer de huid nog niet volledig is afgekoeld, zijn de veren te verwijderen zonder dat de huid inscheurt.
Een kip wordt voor het plukken met heet water overgoten, ganzen en eenden worden droog geplukt. Men legt de vogel voor zich op het werkoppervlak, houdt deze met een hand vast en plukt van de hals naar de staart eerst de grote en daarna de kleine veren zonder de huid te beschadigen. Daarna worden de laatste resten van het verenkleed boven een open vlam afgeschroeid. Daarvoor wordt het dier aan een poot vastgehouden en meerdere keren aan alle kanten boven het vuur rondgedraaid.

Voor het uitnemen van de ingewanden wordt onder de hals met een scherp mes een insnede gemaakt om door de zo ontstane opening de slokdarm en de strot eruit te trekken; bovendien kunnen de ingewanden door deze opening met een vinger losgemaakt worden. Daarna wordt een niet te grote lengtesnede gemaakt bij de stuit, waardoor de ingewanden verwijderd kunnen worden.

Let op: de gal mag bij het uitnemen niet beschadigd worden, want daardoor zou het vlees oneetbaar worden. Bovendien moet de stuitklier verwijderd worden, want het vet daarvan heeft een penetrante smaak.

Dan wordt het uitgenomen dier onder de stromende kraan goed van binnen en buiten gewassen en met keukenpapier drooggedept.

Tips voor de bereiding

Jong gevogelte kan het beste kort gebraden, gegrild of gebakken worden. Oudere dieren zijn meer geschikt voor het koken en stoven.

Braden in de braadslee of braadpan

Vette gevogeltesoorten, zoals gans of eend, worden bij voorkeur in een gietijzeren braadpan op het vuur of in een braadslee in de oven gebakken. Daarvoor wordt het gevogelte in de pan gelegd, die van tevoren met koud water is omgespoeld. Bij deze bereidingsmethode hoeft er geen vet aan toegevoegd te worden.

Tijdens het bakken wordt het vlees af en toe onder de vleugels en de poten ingeprikt, zodat het vele vet beter kan ontsnappen. Daarbij wordt het vet af en toe afgeschept. Wanneer het gestold is, is dit een heerlijk broodbeleg.

Om het vel heerlijk knapperig te maken, wordt het ongeveer 10 minuten voor het einde van de braadtijd bestreken met koud gezouten water of met water waarin van tevoren wat honing is opgelost.

Mager gevogelte, zoals haantjes, kalkoenen of duiven, droogt bij de bereiding gemakkelijk uit. Daarom moet dit gevogelte tijdens het braden regelmatig met braadvocht worden bedropen.

Delen van een kalkoen, waarvan het magere vlees bijzonder snel uitdroogt, kunnen voor het braden met spek omwikkeld of belegd worden.

Gevogelte in de römertopf

Niet geglazuurde aardewerken schalen zijn ideaal voor het bereiden van heel gevogelte of van gevogeltedelen. Deze schalen worden van tevoren ongeveer 15 minuten in water gelegd. Het gevogelte kan dan zonder vet- of vloeistoftoevoeging worden gebakken. Het poreuze materiaal geeft in de ovenhitte langzaam het opgezogen water in de vorm van damp af en het gevogelte behoudt zijn lichaamssappen. Pas tegen het einde van de bereidingstijd wordt het vlees bruin, ook in de gesloten schaal. De bereidingstijden zijn bij deze methode slechts weinig langer dan bij de andere methoden. Een voordeel is dat het vlees zonder verdere controle in de oven kan blijven staan. Een nadeel is dat met deze schaal alleen in de oven kan worden gewerkt en dat het poreuze aardewerk de smaak van het gerecht kan aannemen.

Gevogelte in braadfolie

Braadfolie behoort tot de nieuwste materialen in de keuken. Het gebruik ervan is zeer eenvoudig. Van een folierol hoeft alleen maar een passend stuk voor het gevogelte afgesneden te worden. Daarin wordt het vlees gebraden en bruint het als in een normale pan. Ook hierbij hoeft geen vet of vloeistof te worden toegevoegd. Een nadeel van deze folie is dat ze vrij duur is en slechts een keer gebruikt kan worden.

Gevogelte in aluminiumfolie

Ook aluminiumfolie is geschikt voor het bereiden van gevogelte of delen van gevogelte. Bij het gebruiken van aluminiumfolie duurt het garen echter langer doordat deze folie de hitte tegenhoudt. Verder wordt het vlees in aluminiumfolie niet bruin. De folie moet aan het einde van de gaartijd geopend worden om het vlees te laten bruinen. De folie kan echter goed gebruikt worden voor het afdekken van delen die anders te snel gaar worden of die uitsteken, zoals bijvoorbeeld poten of vleugels.

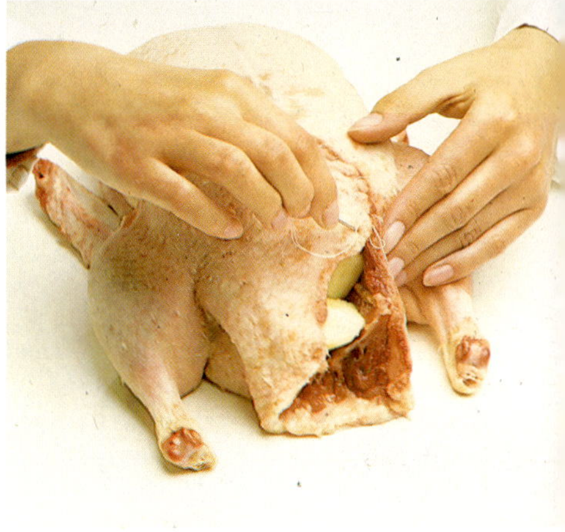

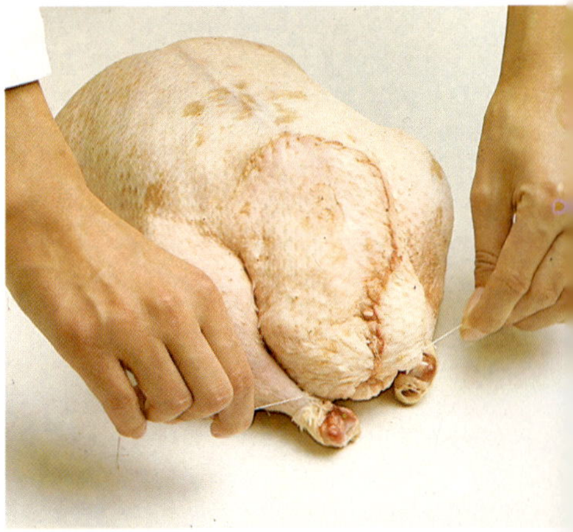

Om gevogelte perfect op tafel te krijgen

Als een braadkuiken, een kip, een gans of een eend voor het braden, smoren of grillen niet in de juiste vorm wordt gebracht, blijft het vlees niet mals, is het niet goed voor te snijden en ziet het er minder smakelijk uit.
De foto's hiernaast laten zien hoe gevogelte moet worden behandeld, om te zorgen dat het niet alleen de smaakpapillen maar ook het oog goed doet.

Opbinden
De poten worden tegen het lichaam gedrukt, zodat de borst hoger wordt. De vleugels worden zo gedraaid dat ze onder de rug liggen. Dan met naald en

draad in een poot insteken en er bij de andere weer uit komen. Vervolgens bij een vleugel insteken en de draad naar de andere vleugel brengen. De draadeinden naar elkaar trekken en vastknopen. In plaats van het werken met naald en draad kunt ook de onderbuik insnijden en de poten naar binnen leggen. Bij groter gevogelte heeft men de mogelijkheid met een houten spiesje door beide poten te steken en ze zo tegen het lichaam te fixeren en de borst omhoog te drukken. De vleugels worden dan alleen onder de rug gelegd.

Vullen
Bij veel gevogelterecepten, vooral bij gans, kalkoen en eend, maar ook wel bij kip, wordt gebruik gemaakt van een vulling om het vlees malser en smakelijker te maken. Er zijn veel verschillende vullingen mogelijk. Men kan er bijvoorbeeld orgaanvlees, zoals lever, hart en maag, in verwerken, maar ook blokjes varkensvlees, paddestoelen, kastanjes, vruchten, kruiden, witbrood, eieren en specerijen. De vulling wordt in de gewassen en goed drooggedepte vogel gelegd; daarna wordt de opening met een houten prikker of draad dichtgemaakt. De gare vulling smaakt heerlijk bij elke soort gevogelte.

Voorsnijden
Wanneer het gevogelte gaar is moet het zo gesneden worden dat het op een oogstrelende manier op tafel kan worden gezet. De kip wordt op een met water afgespoelde plank gelegd en dan worden met het trancheermes eerst de poten en de vleugels afgesneden (de laatsten met een klein stukje vlees van de buik eraan). Dan worden de vleugels in twee gelijke helften gesneden, die vervolgens nogmaals doormidden worden gesneden.

Het goed voorsnijden van groter gevogelte, zoals gans of kalkoen, is moeilijker. Men legt de vogel op de rug en snijdt eerst met het trancheermes de poten af. Ook de vleugels worden afgesneden, op zo'n manier dat aan elke vleugel een stukje borstvlees zit. Dan snijdt men eerst aan de ene, dan aan de andere borstzijde dunne plakken vlees af. Als het om gevuld gevogelte gaat, wordt de vulling eruit genomen en net als het vlees in plakken gesneden. Het vlees en de vulling worden op een grote schaal gerangschikt. De saus wordt niet over het vlees gegoten, maar er apart bijgegeven.

Opmerkingen
Poularde: oorspronkelijke benaming voor gemeste, jonge, voor het geslachtsrijp zijn geslachte, ook gecastreerde haantjes. Tegenwoordig wordt daarmee een gemeste kip bedoeld.

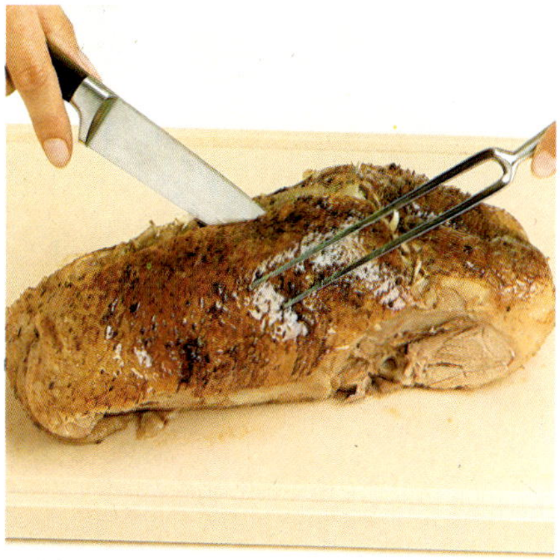

Gans: het vlees van de gans is alleen in het eerste levensjaar van het dier smakelijk en mals. Het vlees van de jonge mestgans wordt zeer gewaardeerd.

Eend: de tamme eend wordt in verschillende rassen gefokt. De voorvader is de Middeneuropese wilde eend. Het vlees van de jonge dieren is in het eerste jaar bijzonder smakelijk. Het meest gewaardeerd worden de mesteenden (dieren die ouder zijn dan 4 maanden). In de handel wordt onderscheid gemaakt tussen jonge mesteenden, jonge eenden en eenden die ouder zijn dan 1 jaar.

Kalkoen: een bijzonder gewaardeerde kerstvogel. Het zeer magere vlees vraagt bij de berijding wat meer vettoevoeging. Aangeboden worden: hele kalkoenen, kalkoendelen, kalkoenrollades en -filets.

Alfabetisch register

Oorspronkelijke titel: Dr. Oetker Küchenbibliothek – Fisch – Wild – Geflügel

Foto's: Fotostudio Büttner, Bielefeld
Christiane Pries, Borgholzhausen
Brigitte Wegner, Bielefeld
Arnold Zabert, Hamburg

Vormgeving: Agentur für Werbung und Marketing ATS GmbH, Bielefeld
Omslagontwerp: Ton Wienbelt
Vertaling, redactie en produktie: TextCase, Groningen
Zetwerk: Letter & Lijn, Groningen

ISBN 90396 0117 8